U0076296

坐看雲起

劉銘——著

目錄

content

推薦序

自序

看見生命勇士

讓生命更精采

拍戲日誌

家人的愛

推薦序

淬鍊後的美好

《人生逆轉勝》導演　蕭菊貞

把人生攤開，還要自己演自己，無所遁逃地得面對自身最內在的情感與傷痕，這等難度真不是一般的難。雖然劉銘一口答應了這份挑戰，信心滿滿，但我還記得那個當下，我是擔心的不得了，甚至有那麼一點點希望他說，我不行。

果真，在幾次排戲後，問題來了。

「這不是真的你，還要再剝開一層！」

「這不是演講，不是對外的勵志演說，再鬆一點，你身邊沒有別人，讓我們看見回到家你心底的感受！」

「面對這樣的挫折和無助，你除了勇敢外，笑容背後的孤單和沮喪，你不能隱藏，要被觀眾看到，才有共鳴。」

「拜託，把防護網脫掉！就算你是生命鬥士，前提也是你跟我們所有人有一樣的感受，雖然最後你超越了！但在超越之前你的靈魂也是經過煎熬、淬鍊、迷失的……」

「你說得太雲淡風輕了，那是你現在的境界，但二十年前的你在那個當下，不可能是這樣的。」

有幾次，我甚至懷疑自己有沒有資格，對一個當事人這樣嚴肅地挑戰他自己，幸好後來劉銘給了我很好的回饋，他說他懂了，說話的聲音也終於鬆了。

認識他快二十年，坦白說除了推輪椅，還有聚餐時幫他夾菜，抱他上車這些小麻煩之外，我幾乎沒有當他和我有何不同，他的機智和反應甚至比一般人還快，也讓我們鬥起嘴來很過癮。但也是這些小麻煩成為他一生的考驗，我推他在路上走過幾回後，才真的體會到無障礙空間的絕對必要性，我氣呼呼，而他只是想著如何繞路前進；我們經歷過被計程車拒絕，被人投以異樣眼光之後，我才深切體會到接納的重要；我看過他為了爭取機會而吞忍委屈的那一剎那，不小心流溢出的傷心，隨即又被哈哈大笑掩蓋，我才懂他需要多大的勇敢和堅強來支撐外界的不友善，而我們自以為的理直氣壯，此時顯得如此卑微。

曾經我們在十多年前一起辦過「圓缺之間——身心障礙者影展」那段時間，熱情滿滿地希望透過更多電影故事，來喚起大眾對身心障礙者的支持與接納，但過程總是有很多困難，也很難爭取到宣傳曝光的機會。還記得有一次，我們開會到一半，突然傳來一位和他同樣是社福界重度肢障者朋友往生的消息，然後頓時媒體大作特作，爭相讚歎生命勇士的價值，甚至也訪問了劉銘，隔日見報有半版，甚至一版。事後劉銘苦笑地跟我說：「可能也要等我掛掉的時候，才會有人願意聽我們說話。」呵呵，我記得當下我也說不出什麼安慰的話，大抵也是苦笑之類的。

幸好，劉銘現在還好好的。

他帶著混障綜藝團爭取到了舞台與鎂光燈，他持之以恆地寫作，四處演講，分享他的聲音和故事，更好的是現在有一齣連續劇讓大家認識他。

我很想對劉銘說：

劉銘呀，在我們都好好活著的美好時刻，就讓理想被看見，讓訴求被聽見，這是多麼幸運的一刻呀！雖然我知道你在拍戲過程真的好努力好努力，就算還無法到達梁朝偉的境界，但我真覺得你很棒啊！不只是完成了一個不可能的戲劇挑戰，我相信最大的收穫是，你又再一次讓你的生命更豐富了！

推薦序

心靈勇者的人生舞台

大愛電視台戲劇三部經理　顧文珊

第一次看到劉銘，是在一家咖啡廳裡，他坐在輪椅上，一派自在。在討論連續劇拍攝的過程中，他會發出獨特的劉氏爽朗笑聲，嘴角總上揚著。有他在的地方，正能量分子彷彿森林裡的芬多精，散發香氣圍繞著大家……當下我終於理解，為什麼劉銘能創造出這麼多，原本不會屬於他人生裡的美好。

現在大家認識的劉銘，是暢銷書作家、是廣播主持人、是混障綜藝團團長、榮獲了十大傑出青年等各項殊榮，是社會上的傑出人士。這部戲劇想要說的是，劉銘今日的成就並非偶然，完全是靠他有如鋼鐵般堅強的意念得來，積極樂觀的劉銘不但逆轉了自己的命運，也逆轉別人的命運。

大愛劇場《人生逆轉勝》是劉銘人生奮鬥的故事，這齣劇最大的挑戰是由劉銘本人飾演自己。感恩他願意接受這項任務，如同他勇於接受生命中面對的難題一樣。擅長主持、寫作的他對於舞台、觀眾並不陌生，但是要當一位演員，而且是擔任主角，單就體力和耐力的考驗來說，又是一項突破。劉銘說，拍完戲，他發現自己體力比從前更好！

還記得製作人對劇組說，和劉銘一起工作，請蹲下來說話，某種程度是教育大家如何與身障人士相處，這何嘗不是生命教育的最好示範？拍攝期間，表面上是大家在照顧劉銘，其實正好相反。他是劇組的中心，是大家的開心果，還是最受歡迎的心靈導師！因為行動不方便，很多工作人員都抱過他，也因此和大家建立深厚的情感。

在二〇一五年的最後一天，人人都在用不同的形式慶祝跨年，還在拍戲的劉銘當晚寫了封信，送給劇組每一位夥伴，字裡行間滿是母親對孩子般的殷殷叮嚀，句句肺腑，這份關懷令人感動，他無時無刻都以身示現，幫助他人。

或許是詮釋自己的故事，劉銘在拍攝的當下，往往流露真情。其實劉銘不太像是在演戲，而是真真實實地帶著觀眾，搭乘時光機，見證著過往歡樂與悲傷的片刻。雖然劉爸爸把九歲的劉銘送到廣慈博愛院，大手放開小手的那一剎那，已經是將近四十年前的事，看著這一幕的演出，劉銘的悲傷仍舊被撩起，久久不能自己。

我相信，劉銘的演出，再次證明了堅毅與永不放棄的劉氏精神，沒有做不到的事。身為素人演員，傳遞出如此真摯而深刻的情感；身為重度小兒痲痺患者，勇於接受更艱鉅的挑戰，擔綱演出連續劇。滿檔的演講與演出，劉銘仍勤於將生命的感受化為動人文字，每天傳遞美善，從不間斷。

感恩劉銘的邀約，讓我有機會感恩他，以及成就這部戲劇的所有朋友。

推薦序

獨一無二的生命軌跡

《人生逆轉勝》演員　李淑楨

一直以來，我有一種刻在靈魂深處的想法，「必須成為一個對社會有貢獻的人」，儘管我很想朝這個方向努力，但是我不知道我到底有沒有跑在往這個終點的跑道上。讀了劉銘的故事，知道了他的生平，我震撼著，這是一個在實踐這句話的靈魂。可以演他的故事，那我是不是也和這句話沾上了一點邊？我這麼思忖著。

乍聽到這個劇，身為演員的我，當然是充滿興奮以及喜悅。可以碰到這麼有挑戰性的劇本和角色，我充滿期待。可是，和素人演夫妻，嗯，不是開玩笑，這樣說好了，職業演員在扮演夫妻時，是必須放下害羞、不熟悉、肢體的習慣，轉而去配合對方，在表演的過程中丟出引子。如果在過程中與對方有芥蒂、隔閡，那是不可能詮釋出戲劇中的夫妻情感，所以即便劇本中描訴的是夫妻情深，表演出來的氛圍卻是相敬如「冰」。反之，如果兩位演員，能夠建立一定程度的信任以及默契，那麼，這對在戲劇中的夫妻，呈現出來的表演便能夠取信於觀眾並且打動觀眾。

不過，雖說這個理論，表演者都知道，可是，談何容易。如果職業演員都不易，那麼，和素人演夫妻，我要怎麼在角色外建立信任與默契，在角色內引導劉銘視我為角色中的妻子，並且調整我的表演節奏以及方式，用全新的寫實型態來靠近劉銘的演出。就像一支成形的花瓶重新回到一塊陶土的姿態，我知道，這將是我最大的難題。

演員的工作，日出之前，我們已經在梳化準備，一顆一顆的鏡頭循序完成，等待重來、重來等待，日落後，夜晚的扮演開始。一群人吃完早餐，等著午餐、等著晚餐，有時候不小心宵夜也和大家一起吃。以為撐著回到家，明天的劇本場次還要埋頭進去設定準備，然後繼續迎接另一個還沒天亮的梳化和早餐。

我的戲分比較晚開始，進入劇組正式加入大家，大概是九月下旬，一直到隔年月下旬，這四個月的拍攝期，我沒有聽過劉銘任何一句抱怨。唯一的一次，那天整天都是外景，台北市的很多山區甚至市區都下起了雪，我想大家應該都記得那一天。早上在雙溪公園，拍攝亮亮小學一年級剛開學，我送她去學校。「剛開學」，是夏天，所以，我們都穿著短袖演出，公園裡兩輛車中間稍稍擋風的空間，就是我們的梳化間，即便如此，遮擋風的大傘都被公園恣意的風給吹翻了。那個冷冽，應該不難想像。幸運地，那場公園送孩子的戲完成，我可以離開現場等待晚上的夜外景。再次回到現場，我看到在外面拍了一整天的劉銘，他被包得只剩下一顆頭，然而，他抬頭皺著眉跟我說：真的好冷喔！我好冷喔！這是唯一一次，他說的，有點接近抱怨又不是抱怨的言語。

當劉銘請我為他這本書寫序時，我一時不知道我到底能替他推薦什麼，我不過就是一個和他一起完成一檔戲的演員，於是我翻了我的手記。在二〇一五年十一月八日，桃園主景某一天的工作完成後，我寫下了這些我定名為「演技」的文字，也許這些內容能夠稍稍表達，在他寫不出來的文字中，心裡最深最深之處，他也有恐懼也有惶恐，然而他選擇最適合他以及我們每一個人的方式，面對他獨一無二的生命。

今天，拉著你的手，摸著戲中肚子裡，你們夫妻等了七年，上天賜予的禮物「亮亮」，說著戲中的台詞：「她現在一定也在說，爸爸，加油！」你立刻紅了眼眶。

我在想，那是一種什麼樣的心情，我不能稱讚你是一個了不起的演員，因為即使是最了不起的演員，也不過是想表達這樣真誠的情感。所以，那到底是一種什麼樣的心情？

究竟是回憶起當初的恐懼，還是慶幸沒有傻乎乎地做了別的決定，還是回憶起從當時至今都感謝這孩子的出現帶給你面對人生無常的勇氣。

你的人生沒有退縮，你是如此奮力，你一直在做的，是感謝上天給予的許多恩賜，包括這檔戲。

喊卡了之後，我不是淑華，我是李淑楨，我盯著你的眼睛，想找到答案，你不好意思地，充滿眼淚的眼神閃爍。我想，這些人生的況味，也只能你才有資格細細品味了。

推薦序

坐在雲端

劉鋆

他之前所走過的人生，全寫在自己的身上。

大大的手術疤痕沿著脊椎，像一隻巨型蜈蚣趴在他的背上。左腳上有另一條蜈蚣，以同一個家族的趴睡姿勢延伸著。因為得了小兒痲痺，更因為家人期待他有一天能如常人般行走，所以開了好幾次刀，爺爺為長孫千金散去。那個年代的每次手術都在他身上留下了印記。

其實我是全家人裡最沒資格寫序的人，我只能從我的角度來說說他，我的大哥劉銘，說說我們被綁得很緊的兄妹之情。從小我就熟悉他的身體：扭曲、細瘦的四肢、大大的頭、背部隆起像揹著一個龜殼，連他自己都會用「ㄍㄨ」來形容，來逗弟弟妹妹笑。太熟悉他了，所以見怪不怪，一點也不覺得他有什麼異於常人之處。覺得他只是上廁所、上下床、出門、回家需要人幫忙而已。總是搞不懂，人們為什麼需要用不同的眼光去看他。他跟所有的大哥一樣，也會說故事或裝鬼嚇弟弟妹妹，一般人應該很難想像吧，他又不能行走又不能追我們，竟然還有嚇唬弟妹的能力。

不過，長大後他也很後悔地說過，那時候把我們都嚇跑了真是很不明智的舉動，因為叫不回我們後的他，只能一個人孤零零地坐在床上等我們回來，他那時其實也是一個會害怕孤單的小孩。也因為他沒有行動的能力，因此他的大腦發揮了一般人所發揮不到的境界，從小他就是那個出主意的人，然後由另外兩個哥哥和我負責執行。當然，幹了壞事後被抓到也總是現行犯的我們，不會是他。總是挨罵的二哥、小哥和我真是跳到黃河也洗不清。

長大後，這個凡事需要我們幫忙的大哥，卻是那個最能榮耀我們家的人。在他得了許多國家級獎項，像是金鐘獎、十大傑出青年後，我也才明白到，人們確實應該用「不同的眼光」去看待他。記得有一年他飽受結石所苦，然而他卻能苦中作樂地說，得了十傑之後得結石，也是老天給他美好的回應。能夠擁有如此強大的正面能量，確實不是一般人吧。

持續有恆的每日書寫是大哥劉銘眾多的過人之處之一，這本《「坐」看雲起》是他出版的第六本書了，身為妹妹的我除了繼續沾光外，理應再錦上添花個幾筆才對。他的成長故事，我們的家庭故事很快也將為外人所知。但此刻我卻想私心地來講講這張快要五十年的照片。

我想回到那個時候，回到那個埔里小鎮梅子路的陽台上。我想告訴爸爸，這個人兒子真的非常爭氣，雖然雙腳與土地無緣，心卻飛得更高、看得更遠。他的大兒子、我們的大哥真的與眾不同，他像是坐在雲端看盡繁華，爸爸你不用擔心他一不小心會摔下來，因為支持他的是永遠的真理與滿滿的勇氣。他不僅讓自己活得有模有樣，還幫助了很多跟他一樣有著殘疾身體的朋友走出原本灰暗的框架。當然，不管在相片裡或相片外，我都是那個幸運又幸福的人；因為，劉銘是我的大哥。

自序

已邁開的步伐叫前進，已痊癒的痛苦叫智慧

三十歲，成為廣播主持人，創下了一個紀錄，那就是台灣第一位榮獲廣播金鐘獎的身障主持人。四十歲，出了幾本書，從「坐家」變成「作家」，這些書不僅暢銷而且長銷。

另外，這期間獲獎無數，幾個比較大的獎，一個是一九九四年當選全國十大傑出青年，一個是二〇一四年擒得號稱「亞洲諾貝爾獎」，也就是港澳台灣慈善基金會舉辦的第九屆愛心獎，獎金新台幣兩百萬元。

還有就是追求老婆號稱的「八年抗戰」，最後勝利了。結婚後第八年，意想不到地老天又賜給我一個女兒。從結婚，寶貝公主的誕生，一個美滿家庭的成形。

以上這一切的一切，已經夠令許多人羨煞，夠讓我心滿意足了。想不到五十歲之後，老天送給我一個想都想不到的禮物，那就是跨界演電視當演員。謝謝大愛電視台，願意將我的故事拍成連續劇；謝謝蕭菊貞導演，她是這部戲背後重要的推手，尤其力薦我當男主角，自己演自己。

拍戲，真不是人幹的活兒，一天要在外工作十二到十五個小時不等，那是一種體力的鏖戰與拚搏（聽說大愛台已經是最人性化的了），若非親身經歷，你很難跟人道盡這當中的辛苦和滋味。

幸運的是，我通過了種種的考驗和挑戰，全身而退，最刻骨銘心的就是，透過這部戲，讓我重新檢視自己的生命，為自己的人生做一次巡禮，如此的機會與經驗，千載難逢，千金難求。

拍完戲後，胃口變好了，只要不吃便當（哈哈），任何東西吃起來，都覺得津津有味；體力變好了，以前主持混障的活動，連著兩場後會有點累，現在完全沒有疲憊感，可見人是要經過磨練的。

做你沒做過的事情，叫做成長；做你不願做的事情，叫做改變；做你不敢做的事情，叫做突破。這些我都做到了，當時的苦楚和試煉，如今都變得津津樂道了。

前進，只需一個理由，

後退，有千百個藉口。

其實，我有太多的藉口，而且都是冠冕堂皇的藉口，讓自己不要前進，殘障就是最好的藉口。像我的腳無法行走，手無法舉高，嚴重的脊椎側彎，長年累月坐在輪椅上，生活起居都要假他人之手。總總的不便，重重的障礙，試想，如果我沒有前進，乃至於退後，大家對我也不會有太多的苛責和失望。否則，我們來交換身體。

只不過，我不願像許多的身障朋友一樣，鬱鬱寡歡、哀聲嘆氣地躲在角落裡度過一生。就因為這個理由，我決定向前，還好向前的步伐，靠的不是手腳，而是想法。有了想法，就找得到方法，排除眼前一切的不便與障礙。我告訴自己，成功，不是屬於能力最強的人，而是屬於堅持到底的人。

已經邁開的步伐，叫前進，

已經痊癒的痛苦，叫智慧。

九歲那一年，被送到台北市立廣慈博愛院，一住就是十三年。最初以為那是一種遺棄，慢慢地、慢慢地，轉換成一種正向的善解，那何嘗不是一種學習自我獨立的最好方式。

漸漸地、漸漸地，我有一個最大的體悟，正向的思考是醫治心靈傷痛最好的藥劑。已經痊癒的痛苦叫智慧，無法療癒的痛苦，只會讓我們永不止息地抱怨。心靈的健康永遠勝於身體的障礙，有了健康的心靈，才有能量邁步向前。

謝謝為這本書寫序的蕭菊貞導演，如果沒有她，就沒有這部戲，如果沒有她的力薦，我也不可能演電視當男主角。千言萬語，感激不盡這位重要的推手。

謝謝大愛電視台副理顧文珊，從拍戲期間的探班鼓勵，到殺青後的宣傳行銷活動，戲劇三部所有同仁都做了最大的努力。

謝謝演員李淑楨，從我戲裡的老婆變成戲外的好朋友。拍戲期間，她的求好心切，仗義直言，尤其是適時的教戲和提醒，讓我受益良多，這是最好的機會教育。若是日後真能夠得個什麼獎的話，她是功不可沒。

最後，要謝謝我的妹妹劉鋆，代表家人來寫序，謝謝你們一路來的支持和鼓勵，尤其是在天上的老爸，因為您對我的「不放棄」，所以我回饋給您的就是「不失望」。

本來以為寫完《輪轉人生》一書後，我的人生該交代的都交代了，沒有什麼

「豐功偉業」好寫的。豈料，之後又出了《從殘童到富爸》以及這本書。

有人問我，那六十歲的時候還要做什麼，會有什麼驚喜？我也在想。

看見生命勇士

千里相會

有句話說，有緣千里來相會，無緣對面不相識。人生中有許多奇妙的經歷，在科學都無法論證下，或許「緣分」就是最好的解釋。

這天上午，混障綜藝團在新竹仰德高中演出，同學們的反應出乎預料地有點「冷」，好在我的內心有一股「熱」在運行，因為觀眾席中，坐著一位三十多年未見的老朋友，遠從美國加州來觀賞我們的生命教育演唱會，這個朋友叫做「盛良平」。

我和盛哥是在廣慈博愛院結緣的，那時我是住在廣慈的院童，他是台灣大學慈幼社來廣慈為我們做課業輔導的成員之一；那時我是高中生，他是大學生。之後，他旅居美國，萬萬料想不到，失聯三十多年後，我們還能再續前緣。

這要從我在經典雜誌出版的《人生好好》一書說起。盛哥的太太宋師姊（她也是慈幼社的成員），在美國參加了慈濟志工服務行列。有一次，她在靜思書軒無意間發現了我的這本書，於是盛哥就上網搜尋我的資料，就這樣，盛哥和我透過email和skype連絡上了。這是三年前的事情了。

因著我，盛哥認識了混障綜藝團，知道了許多團員的故事。此次他為了慶祝他的母親八十大壽返台，兩個星期的行程中，在回到台灣的第二天，就迫不及待地和我見面，想看看混障綜藝團的演出。

在仰德中學演出前，盛哥和每位團員一一合影，尤其是令他很有感覺的程志賢。因為他曾將程志賢在「點燈」節目的影片，分享給他的親朋好友看，想不到卻挽救了一個瀕臨離婚的婚姻。

當我告訴程志賢這個小故事時，我想他八成會以為我「鼓勵」大於「真實」。如今，我將這位「見證人」帶到他的面前親口證實，我可以感受到程志賢當下的心情是激動的。

程志賢在舞台演出時，當我訪問他，談到這個小故事，他很有默契地希望盛哥上台，與他來個「愛的抱抱」。這是我臨時起意的，盛哥完全不知道會有如此的安排，相信當下他的心情也會是激動的。

盛哥坦言，令他始所未料的是，我的人生有如此之大的變化，從廣慈的殘童到成家立業，最重要的是，為社會人心帶來一股改造的影響力。其實，我也發覺到盛哥的改變，從一個學硬邦邦理工的人，反而走入人文、環保、生命關懷。他還說退休後，要回來台灣投入志工的行列。

緣分就是這麼奇妙，連接了這所有的一切，締造了如此美好的因緣。

看見生命勇士

那一晚，在中山堂舉辦的「點燈迎光，看見生命勇士」演唱會，我忝為發起人。我只是在想，今（二〇一六）年是混障綜藝團成立十週年，「十」是一個有意義的數字，所謂十年樹木，百年樹人，在混障十年有成之時，是否能夠做一些回饋，也就是將手心向上變成手心向下。

於是，約了點燈基金會董事長也是點燈節目製作人張光斗先生見面，表示混障願意義務演出，為該基金會募款。就這樣，結合了一些藝人，像李建復、齊豫、郎祖筠、林宥嘉等人，有了這一場售票的活動。

除了發起人，我又多了一個身分，那就是演唱者。

出場演唱前，在後台不知怎麼了，突然卡痰，怎麼用力都清不乾淨。心想，明明彩排時都好端端地，為何臨上場前卻出了狀況，尤其在這麼大的場面唱歌。這就是人生吧！唯一不變的，就是變。

不管啦，就盡力而為吧！看看能不能一使勁一用力就把痰衝出來。這次我獨唱了《奪標》、《小丑》兩首歌，和林宥嘉、魏益群被稱為「三大男高音」，唱了《愛你一萬年》、《掌聲響起》兩首歌。

唱歌，本來就不是我的強項，只能說是興趣，這是繼拍戲後，人生又一次難得的經歷和經驗，尤其是在絢麗的燈光，以及樂隊的伴奏下。對於像我這樣年過五十的重度障礙者，許多人說話都已氣若游絲，甚至有些人必須仰賴呼吸器，遑論唱歌。

活動結束後，有些人說，沒想到我唱歌這麼好聽，像大愛電視台的吳妤甄就鍾愛《小丑》，製作人端端和志工許弘逸覺得《奪標》這首歌，讓他們如癡如醉，這些人都聽到感動落淚。沒想到，我現在已朝向程志賢的境界邁進了。嘻！

另外，主辦單位點燈基金會還頒發了「點亮生命之光」獎項給我，這我事先就知道了，但同時也頒發這個獎給我老婆，獎勵她成為我背後成功的推手，辛苦的付出，我卻不得而知。特別能夠從頒獎人田玲玲女士，也就是我生命中的貴人田阿姨的手中接獲這個獎，倍感榮幸，深具意義。

老婆驚喜地接下這個獎，接著蹲在我輪椅旁滿眼淚水，聽著我演唱《小丑》一曲時，讓台下許多觀眾動容，紅了眼眶。我不敢去看老婆，深怕一看，歌就唱不下去了。

老婆向來低調，有時候甚至成為隱形人，許多人知道我已結婚，卻很少人看過我老婆。她也鮮少在媒體曝光，這一次還是被我們聯合「騙」上台的。

謝謝點燈，為我點燈，記錄了我人生許多重要階段，從我成為廣播人到結婚、有小孩，乃至於榮獲重要的獎項。因為他們為我點燈，我才有能力，去為別人點燈。特別是這個獎，老婆得獎比我自己得獎，更讓我歡喜。

從佳評如潮、感動不斷看來，這場演唱會畫上了精彩成功的句點，不只是混障，還有其他的演出人員，以及幕前幕後的工作人員，在在地都打了一場漂亮的仗。

常常在想，究竟什麼樣的人，比較能夠得到老天的垂愛。漸漸地，我有了體悟，愛，是一種傳說，相信就會存在；而感恩是通往愛最直接的道路。

聽見生命的跫音

混障綜藝團與救國團總團部共同舉辦「心有愛、行無礙，走向生命向陽處」生命教育演唱會，二〇一四年邁入第六年。

一天兩場，上午在嘉義某高中，下午在台南某高中，這兩場演出，同學的反應有著極大的落差。

先說下午場，同學的反應超冷的，掌聲稀稀落落，主持到最後，我都有些不耐地情緒上身。我跟同學說，這是我們演出千百次以來，掌聲最小的一次。

甚至在團員郭韋齊分享的那一段，還是有些同學在嘰嘰喳喳地講話，以往這段時間，全場絕對都是鴉雀無聲，最高品質靜悄悄。我甚至好想跟這些同學說，「你們沒救了」。

但我並沒有這麼做，我總是提醒自己，莫忘初衷。混障綜藝團舉辦生命教育演唱會的目的，不就希望帶給台下的觀眾——無論是學生、收容人或病患等——一些鼓勵，一些信心，一些對於生命的珍惜嗎？這些學生會有如此的反應，不就是因為他們羞怯，缺乏信心。我為什麼這麼在乎掌聲呢？

上午那場，就很好，尤其學校的沈主任，觀賞中不時地拭淚，連送行時眼眶都還布滿淚水。演出後，有一位長得高高大大的學生，叫作沈承煜，他得意地跟沈主任表示，這次活動他完全沒有睡覺，因為節目很精彩，很好看。他希望能跟郭韋齊握握手。

如此小小的回饋，即使混障全省各地這樣的巡演，再累再辛苦，一切都覺得值得了。

旅行演唱

或許老天憐憫我的不方便，常常冥冥之中，就為我做了最好的安排。

二〇一六年四月中旬，混障綜藝團上午在台南南英商工，下午在嘉義東石中學演出，這是救國團與混障團共同合作的「心有愛、行無礙、走向生命向陽處」生命教育演唱會，這年邁向第八年。演出後，主辦單位安排我們到目前最夯，經常在臉書看到圖片的高跟鞋教堂走走看看。

據說前不久的清明連假，這裡湧入了九萬多人，現場人滿為患，水洩不通，若當時我在場的話，以我的高度，啥也看不到，看到的可能就只有人潮中一個又一個的屁股。

如今老天選了一個沒有人潮，涼爽的溫度，可能下雨又沒有下雨的天氣，讓我輕而易舉，不費吹灰之力就看到了這個景點。

這使我想起了有一年，混障演出後去阿里山看日出，那是第一次搭小火車，第一次看到神木，至於是不是能夠第一次就看到日出，由於天候的關係，就可遇而不可求了。

有朋友說，他去了阿里山四、五次，竟沒有一次看到日出，所以他總是乘興而去，敗興而歸。然而那一次我就看到了日出。

當太陽從山的那一邊探出頭來，顏色先是暗紫，然後澄黃，沒有多久的時間，立刻變得金光燦爛，讓人無法直視。那一刻，我竟感動得落淚。我知道在陽光之上的老天，知道我來一次不方便，下次不知道什麼時候再來造訪，所以就讓我看到了日出。

再說出國旅遊好了，這是我在廣青文教基金會擔任執行長的重點工作，每年都會帶一群殘障朋友到國外旅遊。這些年去過了澳洲，美洲的加拿大，歐洲的荷蘭、比利時、法國、瑞士、德國等等。我自己去過了約三十個國家。

那時候，每當開放旅遊報名時，許多的殘障朋友趨之若鶩，趕緊跑來基金會繳保證金確定名額，深怕來不及就要等到明年了。其中有一位重度肌肉萎縮症坐在輪椅上的朋友，叫做徐育樺，當她得知自己可以去時，高興得不得了，因為這可能是她第一次出國，也是最後一次出國。

就這樣，她有了目標，開始了辛勤地賺錢，在騎樓賣刮刮樂，每賣出一張，就可以存下十元的旅遊基金，不論颳風下雨，豔陽高照，她都十分努力地工作，因為她知道，這些難忘的旅行回憶，會成為她日後癱瘓在床、度過餘生最美好的陪伴。

育樺形容自己是，「在家一張床，出外一片天」，因為有著出國的夢想，讓她離開了家裡的那一張床，去看看國外的那一片天，每每她遇見我，都會感謝我為她「圓夢」。

我常對團員說，不要把演出當成工作，那會覺得辛苦疲累，何妨將演出當成旅行，每每去不同的地方，面對不同的人，看不同的風光景色，台灣三百一十九個鄉鎮，大概都快被我們跑遍了，這不就是一種旅行嗎？這就是我的工作，演唱中帶著旅行，旅行中帶著演唱，我稱之為「旅行演唱」。試想，有多少人像我這麼幸運又幸福啊！

當我們舞在一起

每週四晚上，救國團總團部免費提供場地，作為混障綜藝團練舞之用。現階段混障綜藝團的小品節目，堪稱精采，然而少了大型的表演節目，遂萌生了混障團員「共舞」的想法。

舞台是殘酷的，節目必須求新求變、精益求精，方能使其地位屹立不搖，否則，很快地就會被觀眾「喜新厭舊」的思維淘汰。這就是為什麼綜藝團需要不斷地招收新的團員。

要讓不同障別的團員，融合在一起跳舞，這是一個不可能的任務。早年曾在馬雷蒙舞群擔任舞者的小黑老師，接下了如此艱鉅的挑戰，她表示，她願意來嘗試，和大家一起學習。

有一年，永齡基金會邀請混障綜藝團演出一個節目，在鴻海集團尾牙活動中表演。由於地點是在小巨蛋，對方希望混障推出的節目，人數能夠多一點，以歌舞秀為主。

然而目前綜藝團的節目，最多只有三個人，在偌大的小巨蛋演出，勢必會被舞台「吃掉」，淹沒在舞台之中，因此，我們未爭取到這個演出的機會。如今，我們有了大型舞蹈的節目，就有能力承接今年尾牙大型節目的活動了。

在混障團員共舞的過程中，少不了好手好腳、耳聰目明的「志工」這樣的元素，因為他們扮演了「連接」的角色，否則，像視障朋友就無法跟著一起跳了。

在這群志工中，有一位小小志工，那就是我的女兒亮亮。會找她一起來跳舞的原因，一來，是她喜歡跳舞，所以她參加了學校的街舞社團；二來，帶她出來運動一下，才不會在家裡大部分的時間，都是與電視、電腦為伍。

現在，亮亮已跳得有板有眼了，而且，不知不覺地成了我的志工。他可以一邊跳，一邊當我的「推手」，適時地推我輪椅一把，好讓我不致脫離節拍太多。在如此的互推互動中，我的內心是感動的，呈現出來的畫面是溫馨的。

由於手部功能受損，雙手無法舉高，並做大幅度的擺動。我之所以會去跳舞，完全是基於身為團長，為了給予團員們鼓勵，所以陪著大家一起跳。否則，我這樣哪像是在跳舞。

這個大型的舞蹈節目，即將呈現在觀眾眼前。當天亮亮也會跟著一起跳，有了她這位小小志工，很慶幸地，我們這一對父女檔也能成為該大型舞蹈節目中的其中一員了。

混障登上小巨蛋

在寬廣的小巨蛋，五光十色的燈光中，六千多位觀眾注目下，此時，音樂響起……

當初，成立混障大舞群，只是想讓節目更多元化，不是只有精彩的小品節目，也有大型的節目呈現。這樣，我們就更有籌碼接一些公司企業的尾牙活動，即使在小巨蛋演出，也不會因人數不足而淹沒於舞台之中。

於是，每週四的晚上，在救國團總團部提供的場地，在小黑老師（曾安榕）的帶領下，大家開始了每個星期一次的練舞。我不得不說，混障團員真的值得稱讚，練舞是毫無費用的，然而大家卻有不錯的出席率。

意想不到的是，練舞也慢慢地練出了情誼，練出了興趣，逐漸地，每週四如此地「以舞會友」，形成了一個支持團體。大家可以在這裡彼此聯誼交流，互相打氣勉勵，每個月還有一次慶生會。

更意想不到的是小黑老師，她怎麼也不會料到，我們從暑假開始練舞，半年後，這群混障團員和志工，便能登上小巨蛋，在國泰人壽「傳承五十，從心出發」業務大會活動中，嶄露頭角，大放異彩。

登台前，我和夥伴們共勉，我們這支舞蹈所要呈現的，不是舞藝多麼地精湛，而是要傳達出我們的精神與態度，所以在舞台上最吸引人的就是燦爛的笑容，千萬不要從臉上讓人看出「你們家裡有事」（只有參與混障大舞群的人，才會知道「你們家裡有事」這句話的笑點在哪裡）。

舞台上，先是「奇異三姝」（肢障劉麗紅、王蜀蕎、林秀霞）的中東肚皮舞，然後是聽障「龍舞雙妃」（林靖嵐、楊依璇）和陳濂僑的非洲舞，最後則是混障大舞群劃上句點。

舞蹈結束後，台下響起了熱烈的掌聲。於是，我拿起了麥克風，簡短地述說我們為何會站在這個舞台上，以及和國泰人壽的淵源。最後，我感謝了國泰人壽蔡宏圖董事長、國泰慈善基金會錢復董事長、以及阿里經理，這些人都是幕後重要的「推手」。

而當我們將步下舞台時，台下的觀眾起立鼓掌，如雷的掌聲久久不歇，不知為何，我的雞皮疙瘩也立正敬禮。能夠登上小巨蛋，已經是莫大的肯定，如今又面對如此的盛況，更是集美好於一身，畢生難忘。

且讓我記下混障綜藝團這榮耀的一刻。

校長被我們弄哭了

這是混障綜藝團半年內，第二次在台南善化高中的演出。第一次是在暑假期間，參加「國立暨台灣省私立高級中等學校新世紀領袖人才培育營」活動的演出。記得那一次演出，學校經費有限，我們只出動了六位團員，想不到「少兵」一樣可以立大功，為同學心靈帶來諸多的震撼和啟示。在之後的成果報告書中，只有混障綜藝團的「滿意度」，是百分之百。我想這應該就是會再度邀請混障團的原因吧！

令人印象深刻的是，上次善化高中的校長李培安感動地淚流滿面，哽咽地說不出話來。在那當下，校長掏出了口袋裡所有的錢，捐給了混障團。事後，我們聽學校的老師說，當天校長由於應酬喝了酒，才會如此地「衝動」，不管是落淚或捐錢。

今天下午時分，我們在大禮堂面對一千多位師生，展開了演出。還是由於經費有限，只有劉麗紅、王蜀蕎、林秀霞、陳濂僑、陳敦邦、程志賢和我七位團員。除了程志賢外，我們的節目和上次相比完全翻新。

演出前，李校長過來和我握手致意，他顯得超理智的，沒有太多的笑容，和我們第一次見面時，判若兩人。我想應該是他沒喝酒的緣故吧！而這次要把他弄哭或捐款，應該是難上加難。

演出結束前，我臨時起意，看看有沒有哪位同學願意上台分享觀後心得，居然有一位高一的女同學叫做杜兆文，她主動舉手願意上台。她情真意切地邊說邊落淚，不僅讓台下的同學頻頻拭淚，連團員們也紅了眼眶。

最後，輪到李校長再次上台說話，他說他哭了兩次，然後有備而來地從口袋裡拿出一個紅包捐給混障團員。

哈哈，混障團員真是有本事，無論李校長是否喝酒，清醒與否？我們照樣把他給弄哭了。其實，應該說李校長是個有愛心的人，據說他常常捐錢幫助一些貧困的學生，所以才會被我們的演出觸動心弦，感動落淚。

最後一班高鐵

搭最後一班高鐵回台北。

下午一時，混障綜藝團一行人，搭高鐵前往嘉義，主辦單位天主教黎明中學派車來接我們。上遊覽車時，團員小雨不慎跌倒，臉部擦傷，耳朵瘀青，連協助他的志工老莧，手指頭也流血了。

在遊覽車上，我提醒大家要小心、注意安全。像小雨的耳朵，有可能變成「小耳症」，臉上的擦傷，有可能使她成為「陽光朋友」，大夥兒聽了哈哈大笑。這就是「混障綜藝團」，吃苦好像吃補，傷痛愈大，笑聲愈大。

抵達佳里仁愛國小，這是晚上混障綜藝團演出的地點，活動名稱「感動生命心靈饗宴社區展演——把愛傳給你」，主辦單位是黎明中學、黎明家長會、碗粿蘭等單位。

遊覽車的駕駛王大哥，聽到我跟團員說話的聲音，立刻就聽出我是誰了，原來，他是我警廣節目的忠實粉絲。下車時，他要求抱我下車，可是他年齡約有花甲之年，加上小雨剛剛跌倒，我內心十分猶豫。

然而這是王大哥的心意，為了不讓他失望，我只好冒險一試了。他一步一步戰戰兢兢地走下階梯，我則緊緊地抓著他，結果……平安無事。我相信老天有看見這感人的一幕，所以讓我安全地著陸，坐上輪椅。

相信演唱會是成功的，因為演出後，仍有許多貴賓和觀眾不願離去，紛紛和我們握手致意、合影留念，然而我們是有時間的壓力，但又不忍拒絕如此的交流與交會。

遊覽車啟動時是晚上九點四十五分，距離高鐵發車的時間只有一小時，據說車程需要五十分鐘，剩下的十分鐘，足夠我們下遊覽車和抵達月台嗎？

好刺激的挑戰啊！

但這是理想狀況，若遇到路上有交通事故，勢必搭不上最後一班高鐵。我們還在車上苦中作樂地說，那就夜宿台南，要不然就請遊覽車送我們回台北。但不管怎麼樣，發生就是恩賜，一切都是最好的安排。

司機王大哥，知道我們在趕最後一班高鐵，於是加足馬力，風馳電掣地向前衝，我瞥見他向前車閃了幾次大燈。最後，加上老天的開路，使得一路順暢，抵達高鐵站時，距離高鐵到站尚有二十分鐘。

下車前，我告訴大家，把自己想像成沒有障礙、行動自如的人。向前衝啊！很神奇地是，在大家分工合作、分秒必爭的情形下，果然發揮了潛力。到達月台時，綽綽有餘地還有十二分鐘等高鐵進站。

第七車廂

這是我們再熟悉不過的地方了，在這個專屬於我們的空間裡，有歡笑、疲累，以及散播生命教育的種子，實踐夢想的快樂。這個地方，就是高鐵的第七車廂，也就是殘障車廂。

高鐵行經的每一站，從台北出發，然後是板橋、桃園、新竹、台中、嘉義、台南，以及終點站左營，每一站我們都上下過。我們搭過比雞還早起的第一班車，也搭過許多人已經入夢鄉的最末班車，當然還有許多不同時段的車次。我們曾經有錯過班次的經驗，在高鐵遺失行李的情形，但後來都一一化險為夷，行李失而復得，也順利地搭上了下一班車。

大部分的時候，那四個殘障座位都是被我們占據著。記得有一次，其中的一個殘障座位，坐著一位婦人，座位旁是她的輪椅，我抱著「四海都有殘障人」的理念，希望她也能融入我們的歡笑陣營之中，於是我主動地跟她「搭訕」。就這樣，她認識了混障綜藝團，加入了我們嘻鬧的行列，最後，說什麼都要請我們喝飲料。於是，餐車上的咖啡香、紅茶香，就一杯一杯地飄散開來。

我只記得那位婦人家住宜蘭，但我真的想不起來她的名字了。有一次，混障到宜蘭監獄演出，我就邀請她來觀賞，結果她感動到一把鼻涕、一把眼淚，臨行前，還送大家每人一個伴手禮帶回家。

高鐵有一位美麗的列車長叫做江屏珊，後來她買了我的書，成為我的粉絲，對我的一切瞭如指掌。每當混障團搭到她的車子，不論是個人或團體，她都會主動請大夥喝咖啡或紅茶。另外有位八十四歲的蘇媽媽，也是在高鐵結識的，在另一篇章〈早安、晚安〉中會介紹她。

我常戲稱「混障團」是「詐騙團」，因為我們屢屢詐騙人家的金錢、物品、眼淚等等，但不同的是，這些人被我們詐騙得心甘情願，滿是歡喜，所以他們從不會去警察局檢舉告發，使得我們依然逍遙法外。哈哈。

我曾受邀到中央大學演講，邀請我的企管系系主任，希望我在演講生命教育的內容時，多加一些競爭力的東西。我告訴他，一個人如果沒有生命力，哪來的競爭力。然而我們這個社會，太追求競爭力而忽略了生命力。其實，只要有了豐沛的生命力，競爭力就會逐漸地孕育而出。

混障綜藝團就是一個播種生命教育的一群奇兵。原來，一個個溫馨、感動或搞笑的故事，不是只有在演出活動時才發生，早在出發時的高鐵第七車廂裡，就已經開始發酵了。

一「劉」的里長

由於劉里長的關係，混障綜藝團去桃園縣八德市（在二〇一四年十二月二十五日改制為桃園市八德區）的機會變多了。

位於八德市的來福星餐廳，席開一百四十二桌，這是混障綜藝團有史以來最盛大的一場喜宴演出。邀約我們來演出的是八德市大勇里里長劉信通先生，這晚是他的長子結婚喜宴。

一百四十二桌，賓客就有一千四百多人，加上招待服務的人員，約有一千五百多人。除了親朋好友外，來參加的貴賓從最基層的鄰里長到議員、立法委員，乃至前桃園縣長吳志揚先生都蒞臨祝賀，足見劉里長在地方上的深耕，廣結善緣才有如此眾多的人脈。

演出前，劉里長來電，希望混障綜藝團的演出要精彩一點，因為有親友詢問他，為什麼要在如此盛大的場合，邀請一群殘障朋友來擔綱表演。

我想這些質疑的親友會認為，喜慶宴會和殘障朋友聯結在一起，「喜慶」和「殘障」這樣的畫面是不搭的、不協調的。但關懷弱勢、熱心公益的劉里長，一定是做了許多的溝通和努力，才能讓混障綜藝團的團員站在舞台上演出。

另外，劉里長也邀請了一位坐在輪椅上的街頭藝人，在舞台的下面做造型氣球給小朋友。看著許多大人帶著小孩大排長龍，來索取免費的造型氣球，可見那位殘障朋友做出來的氣球，是受到歡迎的。

我告訴劉里長，請他無庸擔心，混障綜藝團也參加過不少喜慶宴會的演出，所以我們會做最精彩的呈現，不會讓他丟臉，反而會讓他顏面有光。

其實，我很想告訴劉里長，他邀請的混障綜藝團不是普通的團體，而是第一天團。本團曾經榮獲法鼓山「二〇一〇關懷生命獎」團體首獎，一年有一百多場的演出，有許多團員曾登上國家音樂廳，以及有榮獲金鐘獎的主持人等，所以絕非浪得虛名。只是怕這樣說出來，劉里長會嫌我「臭屁」。

我常和混障團員互相勉勵，「舞台上，只有音樂的成績，沒有同情的分數」。我自己帶領的團體，當然對這個團體深具信心，要不然我怎麼好意思啟齒，去跟別人推薦這個團體呢？

而事實證明，演出後，有不少人來詢問，邀請混障綜藝團演出等事宜。混障綜藝團一年一百多場的演出，不就是這樣親眼目睹後，口耳相傳、日積月累打下來的江山嗎？

我的「抗日」之戰

這是混障綜藝團的第一次，對我並不是第一次了。

九月天的某日中午十一時，烈日當空，酷熱難當之際，混障綜藝團在鹽寮海濱公園的沙灘上，參加貢寮區公所主辦的「攜手相連愛地球」活動。

在藍天碧海沙灘如此美好的景致下主持節目，是一件很賞心悅目的事情，然而我又必須對抗熾熱的陽光，我看見有男生將整張臉包裹起來，宛如阿拉伯的女子一樣，藉此來「護膚」。上台主持前，我曾想是否撐把傘，因為光是戴帽子是不夠的，但我沒有這麼做，我認為這樣太不專業了。

在主持的時候，並不覺得難熬，因為有涼涼的海風吹來。然而一個多小時下來，當我回到休息室的帳棚內，才發覺整張臉和雙手的手臂被曬得紅通通的，彷彿剛煮熟的蝦子。

本來以為這是混障的第一次，也是我的第一次，後來才從塵封的記憶中，慢慢地搜尋到，這並非我的第一次。多年前，我曾在中正紀念堂廣場，也是像今天這般烈日當空下為「友好記憶復健社」主持公益活動，那次曬得比這次更慘。

有人問我，明知道要和烈日對抗，為何不塗防曬油護體？我也不知道，我就是不喜歡防曬油塗抹後，油油膩膩的感覺，很不舒服。就像我出門都會隨身帶著毛巾，好擦拭容易出油的臉。

回到家後，紅吱吱的臉看起來更是明顯，好像關公一樣，還好老婆立刻為我擦了蘆薈露，我還滿信蘆薈這玩意兒，這是過往的經驗，可以減緩曬傷後的疼痛。

帶領混障綜藝團南征北討的演出，經歷許多的經驗，不論是在大雨中或是烈日下。在大雨中主持，雨水常常會灌進嘴巴；在烈日下主持，就像那次一樣必須承受被曬傷的代價。

我不知道之後會不會脫皮，但不管會不會，對我都是猶如脫胎換骨般地蛻變和成長。

當混障團遇上冷氣團

好冷，真的好冷，我不知道氣溫是否有創新低，但我的身體告訴我，這應該是入冬以來最冷的一波寒流吧！我不自覺地，縮了一縮脖子，拉緊了一下衣領。

這天下午，混障綜藝團在位於木柵的國立臺灣戲曲學院演出，這是今年混障團的第一場演出，但卻面臨大陸冷氣團來襲。當混障團遇到冷氣團，這會是一個什麼樣的情況？

混障團員確實很敬業，並未因為寒風刺骨，而在薄薄的表演服上覆蓋外套，他們有的就是全力以赴，在舞台上作最完美的呈現。這讓我想起一句話，要想發熱發光，就必須禁得起燃燒的痛苦。

說到「敬業」，我也曾和團員們勉勵過一句話：「沒有敬業，就沒有樂業；沒有樂業，就沒有專業；只要有專業，就不怕失業。」這就是為什麼混障團的演出，能夠一場接一場，二〇一一年締造了一百三十七場的新猷。

當一個敬業團體，燃燒其熱力時，生命宛如箭一般地飛射出去。它凍結了冷冽的天候，湧動出台下觀眾的熱淚。老師們哭了，學生們哭了，連來報導的大愛電視台《今夜說新聞》節目的崔製作人和拍攝記者蕭先生都淚流滿面。

臺灣戲曲學院熊秋芳老師表示，來學校表演的團體不計其數，這是她看過最精彩、最感動的一次。我相信她是有感而發，而非場面話。因為這是演出後，馬薇茜老師轉述給我聽的。

所謂好的開始是成功的一半，混障團在新春的第一炮，就締造了經典之作，不但戰勝了冷氣團，也戰勝了自我障礙。

我們被「包」下來了

還是有一些公司企業的尾牙，願意邀請像混障綜藝團的這些「異人」（異於常人之意）演出，而不讓「藝人」專美於前。儘管是少數，但我相信，多數不就是從少數開始的嗎？

這晚，在中和的吉利餐廳，新加坡商麥迪實公司的尾牙活動，邀請混障綜藝團演出。以往其他曾邀請混障團尾牙演出的公司，大部分都只是幾個節目，但像這次「包場」式的演出，從主持人、抽獎、表演節目到音響燈光器材等，全部一手包辦的情形，還真是頭一遭呢！

在這之前，我們和該公司完全不認識，也毫無「攀親帶故」的關係。我好奇地詢問該公司和我們接洽的陳小姐，為何會邀請混障團？她表示，是看了TVBS《一步一腳印，發現新台灣》節目的報導。可見媒體的力量之大啊！

新加坡商麥迪實公司的總經理蔡梅瑜小姐，在節目進行中就已經私底下給混障團一個紅包，到了「吸金大樂透」抽獎時，竟然抽中蔡總，台下的員工起鬨嚷著要她「捐出來」，想不到她不是「重抽」地捐給員工，而是捐給混障團。

尾牙最後，蔡總和亞洲區韓副總裁，兩人合起來又捐給混障團一個大紅包。我想這一次我們承辦的活動，是成功的，是感動的，否則，團員們就不會有如此的「大豐收」了。

在此，特別感謝蔡總經理的愛心付出與熱情鼓勵。

其實，邀請混障團演出，不單單具有娛樂性，更具有激勵性，讓台下的員工們身心靈都獲得快慰和舒暢。像這樣的團體畢竟不多，這就是為何混障團二〇一一年能夠締造一百三十七場演出的新猷。

今天是屬於混障團的一天，除了麥迪實公司的尾牙外，凌華科技公司也在這一天，邀請混障團在該公司的尾牙演出，只是麥迪實公司有約在先，所以凌華科技公司那裡就無法「包場」了。但混障團還是兵分兩路，為此，「龍舞雙妃」（林靖嵐、楊依璇）節目，還台北、中和兩地趕場。

混障團員們，讓我們記得二〇一二年一月六日這一天，因為我們被「包」下來了。

殘障者的快閃族

雙十國慶那天，混障綜藝團結束彰化縣體育館國慶大會演出，搭高鐵回到台北車站，欲作鳥獸散時，我突發奇想，是否我們也來玩個「快閃族」，為此行做個不一樣的ending。

從年輕時，我就愛玩一些有的沒的，或許說是一種搞怪吧！直到現在年紀漸長，仍然是玩興不減。我發覺從「玩」中，可以有一些發想，有一些新創。混障不就是這樣成立的嗎？包括它勁爆的名字。

混障綜藝團當初的成立，在許多人不看好的情況下，認為一般好手好腳的人，要走表演藝術這條路都倍感艱辛，更何況是身障人士。然而我們做到了，打造了舞台，每年平均約一百五十多場的演出，讓障礙者找到了自信，然後搖身一變儼然成了「社會企業」，讓障礙者有了收入。

有一年，混障綜藝團前往泰國巡演，視障團員彭康福出發當天另有演出，於是他決定隔天獨自搭飛機來跟我們會合。這是他的第一次，我們好怕他消失在茫茫人海之中，但他願意嘗試，接受挑戰，我們所給予的不該是擔心而應是祝福。

阿福先要從自己家搭車到機場，然後沒有搭錯飛機飛泰國，在機場再和我們去接他的人會合。對一般人或許不是什麼難事，但對一位盲人，確實是困難重重，然而他卻沒有走失地出現在我們面前，令大夥兒讚歎不已。

當時，我確實問過他，為何如此神通廣大能找到我們，記得他有詳加敘述，只是我已忘了細節。日後凡是和我相約找不到地方的人，我都會引用阿福這一段故事，視障朋友都能找到了，明眼人還有什麼藉口說找不到。於是，對方就立刻語塞了。

混障都能成立了，阿福都能獨自出國了，快閃又算得了什麼難事。

我對團員表示，待會兒當我說：「台灣。」你們就大聲呼喊：「生日快樂。」然後大夥兒就快速地從四面八方閃人。我問大家敢不敢在人來人往的台北車站大嘛，玩這種快閃族的遊戲，大家躍躍欲試。

我請大家做好助跑的準備，以便隨時閃人。此時，我用力地吸了一口氣，大聲地喊出：「台灣。」大家也異口同聲地喊出：「生日快樂。」然後各自就飛奔離去。平常大家看似步履蹣跚，行動遲緩，有時候還需要他人協助，想不到在那一刻，大家的殘障似乎都不翼而飛、完全康復了。可見人的潛能是無限大的。哈哈。

現場只留下一哄而散的笑聲，和路人們側目的眼神。誰說行動不便的殘障者，不能成為快閃族？

從兩顆釋迦到衝出亞洲

出發前，心中的疑惑和期待仍然交戰著。

先從兩顆釋迦說起……

二〇一三年十一月底，混障綜藝團受桃園張老師之邀約，參加其募款晚會的全場演出。台下有一位觀眾叫作簡淑芬，她在張老師擔任「義張」（義務張老師）；當晚她深受感動，而這樣的感動始終持續著。

有一次，簡淑芬搭飛機去廣州出差，鄰座是一位小姐，正在大啖釋迦，但卻是兩顆釋迦同時吃。簡淑芬心中暗忖，這個人一定不是台灣人，因為台灣人不會這樣吃釋迦，都是一顆一顆的吃。

從不和陌生人搭訕的簡淑芬，在好奇心的驅使下，終於開口說話了。果然這位一次同時吃兩顆釋迦的小姐，不是台灣人，而是旅居加拿大的香港人。她叫做何詩韻，是加拿大關愛生命基金會董事主席，是從事藝術工作者。

剛好何主席之後將來台灣，她希望簡淑芬在她來台北時，能夠引薦一些表演藝術工作者給她認識。當時，簡淑芬腦海中閃進的第一個人選，就是混障綜藝團。

二〇一四年二月分的一個冬日午後，在國賓飯店阿眉快餐廳，與兩位素未謀面的小姐簡淑芬、何詩韻，做了第一次的接觸。那一次相談甚歡，但我未抱任何的希望，因為以往許多次的相談甚歡，最後總是不了了之。

豈料，在四月的某一天，我接獲關愛生命基金會的訊息，將邀請混障於六月九日至十七日，前往溫哥華參加一場為大陸昆明貧困兒童募款的音樂會。然而礙於經費，他們僅能提供混障團四個名額，表演時間三十分鐘。

四個名額，三十分鐘的節目，如此的條件確實使我陷入了長考。長達十幾個小時的長途飛行，舟車勞頓，再加上時差的襲擊，這些都是身心的挑戰，卻只為了三十分鐘演出，似乎有些划不來。

於是，我提出了我的需求，我希望除了這場三十分鐘的演出外，還能為我們再安排一場在華文學校的演出。對方同意了，我們的協議就這樣達成了。

以往在國內，重要的演出活動案，都必須要有書面契約，彼此簽章畫押，這樣可使雙方都有保障，更遑論是國外的演出。但此次加拿大之行，完全只有email和LINE的往返，也就是口頭上的承諾。

儘管我常戲稱混障團又名「詐騙團」，因為我們常常詐騙別人的眼淚和金錢，但畢竟這都是出於對方的心甘情願，說「詐騙」那只是玩笑之語。然而這一次不同，對於他們，我真的認知有限，萬一真的遇上了詐騙集團，我們幾個老弱殘兵，流落異國，那是何等地悽慘啊！

基於「信任」與「信心」，我願意冒險一次，就像我常以哥倫布的話來勉勵自己，「人生最大的冒險，就是不去冒險」。我想就當作是去投石問路、開疆闢土吧！如同我在新聞稿所寫的：「衝出亞洲，登陸加國。」

歷經十小時又三十分鐘的飛行，班機終於降落溫哥華。當我們一行六人（外加老婆、女兒，她們是自費的），步出機場海關，迎面而來的是笑容滿面的何主席，和關愛生命基金會的志工夥伴，他們捧著大大的花束，為我們每一個人獻花。

從那一刻起，我心中的疑惑才得以釋懷，取而代之的，是以期待的心情，來迎接加拿大未來的七天六夜。

老莫，是加拿大之行的志工，他宛如程志賢的手，餵他吃飯；彷彿我的腳，抱找上下飛機和乘坐的車子，當然也扮演阿福的眼睛，帶他出入洗手間。他真是一位得力的幫手啊！

老莫不懂英文，國語又說得破破的，我在想，此行他八成會變成啞巴。豈料，到了列治文（Richmond），我們所接觸的人，幾乎都是講廣東話。對於遠從香港來台灣三十多年的老莫，廣東話是他的母語，他如同回到香港一樣。有時候，我們還需要他來翻譯呢！

人生就是這麼地意想不到。我對老莫說，他這一次真的是來對了。

在去機場的接送車裡，我對此行的大家說，未來這一個星期的加拿大之行，我們就是命運共同體，大夥兒分工合作、互相幫助，套用一句成語就叫做「榮辱與共」。

這是每次出國時，我都會對團員和志工說的話。然而老莫至今仍記不得這句成語。每每問他時，他都會說成「與龍共舞」，但也因此成了一段讓人哈哈大笑的趣談。

六月十三日晚上，地點在列治文加藝劇院（Gateway theater），這是混障綜藝團此行主要的目的地。以往混障有機會到國外演出，都是侷限於亞洲的國家，像日本、泰國、新加坡、馬來西亞等。但這次是首次衝出亞洲，登陸加國，具有歷史性的新頁；儘管我們的演出僅有三十分鐘。

主辦單位關愛生命基金會，將此次主題訂為「用生命影響生命」音樂旅程。整場節目分為三部分，開場是混障綜藝團，中間是香港正生書院一對吸毒夫妻Macy、Ray的現身說法與詩歌讚美，最後是當地有「音樂才子」之稱的沈安麟，帶組當地樂團的表演。

混障的部分，是由台灣第一位腦性麻痺歌手程志賢打頭陣，他唱了《蝸牛》、《掌聲響起》兩首歌曲，接著是精通五種樂器的視障音樂家彭康福，所做的長笛和鋼琴的演奏。我則是負責混障的串場主持。

在演出後的慶功宴當中，在眾人分享感言時，我所聽聞的許多都是對於混障的肯定和讚許有加。另外，在節目的尾聲，我們一家三口的現身，始所未料地造成許多人的動容和落淚。

混障綜藝團第一次衝出亞洲，站在加拿大的國際舞台上，就成功地打了漂亮的一仗。欣喜之餘，我知道這不是幸運，這是千百次的舞台淬鍊所累積而成的成果。

除了演出之外，主辦單位還安排了旅遊，讓我印象最深刻的就是，我們搭大大的船，去維多利亞島遊玩。這是我最想帶團員去玩的地方，只是礙於路程遙遠，我不好意思說出，而何主席似乎會讀心術，竟然為我圓夢了。

真的是大大的船，船腹可以容納好多的汽車，我們到船頂去走走，吹吹風，遙看一望無際的太平洋。我們去了省議會，坐了馬車，漫步在維多利亞港口，午餐吃了海陸大餐，有牛排和龍蝦，超好吃的。

這次加拿大之行，在飲食方面，我們吃了希臘菜、越南菜、韓國料理、港式飲茶，以及西式牛排、龍蝦大餐，幾乎每一餐都不相同，在在地看出主辦單位的悉心安排與熱情款待。

去機場返家的途中，下了一場來加拿大以來最大的雨，老天真是眷顧混障，讓這場傾盆大雨不是發生在我們演出或旅遊的任何一天，而是當我們要返回時，所以對我們絲毫不受影響。

來的時候，是Lina接機，離去的時候，又是她來送機，好巧啊！不知是有意的安排，還是就是這麼巧合，我稱之為「有始有終」。謝謝Lina讓她的女兒Angela（譚子玲）與她女兒的朋友Angel（張芝楨）和亮亮認識，由於她們三個人年紀相仿，中文又通，很快地就能夠玩在一起。尤其Lina還留亮亮在她們家過了一夜，讓三個小女生有更多相處和互動的時間，相信這對亮亮是十分難忘的經驗。

到了機場大廳，才發覺許多朋友都陸續來送機。有Esther Lee、沈安麟、Shirley C、冰冰、Emily等，共十五人之多。由於我們搭乘的班機時刻是午夜兩點鐘，這些人犧牲了睡眠，而且隔日還要上班，這份情誼，格外叫人感謝與感動。

臨行前，大夥兒圍成了一個圈圈，各自分享此次的心情與感想。程志賢激動地難以言語，冷氣超強的機場大廳，只見他仍是滿頭大汗，他也只有在緊張或激動時，才會如此地流汗。接著是說話速度緩慢又感性的沈安麟，他也哽咽了。

輪到何主席的媽媽，這幾天何主席的爸媽都一直陪著我們，她的爸爸負責開一部車，媽媽則陪在一旁協助我們，想不到一向沉默寡言的何媽媽，竟也被淚水攻陷，無法自已。再說Emily，她哭到淚崩，根本說不出話來，兀自在一旁啜泣。

如此的氛圍，太容易催淚了。早已意識輪到我時，一定也會控制不住。其實，我是愛哭的，但我極少為自己的殘障或遭遇而哭，反而容易被周遭的人事物所感而落淚，頗有詩人杜甫「感時花濺淚，恨別鳥驚心」之喟嘆。在家裡時，連電視新聞都可能讓我溼了眼眶，更何況是情感豐富的劇集。然而很多時候，特別是在眾人面前，我往往會以意志壓抑情緒。這次我又這麼做了。

我寫下一連串的感恩名單，感謝何主席此行幾乎是全程的陪伴，感謝 Shirley C 的溫馨接送情、Hengy 為我們拍出許多美美的照片（只是照片中，往往會出現她嚇人的大頭。哈哈）。只是，族繁不及備載，無法一一道出姓名，即使是對方給予我們的一個微笑，或是觀賞演出時的一個使勁鼓掌，都令我們銘記於心。

當我們要通關時，團員坐在機場大廳像高爾夫球車的接駁車，車子緩緩駛動，由慢變快，這時何主席竟帶著這群來送機的朋友，尾隨車子跑了起來，這畫面像極了電影《梅花》的場景。於是，程志賢在臉書上寫下了這段心情：「坐在機場接駁車上，只能拚命揮手，卻不敢回頭看著奔跑中的你們，我知道如果回頭，一定哭得不能自已，再會，我第一群在加拿大的朋友。」

讓生命更精采

坐看雲起

大概沒幾個人的「坐功」像我這麼了得。

從三歲罹患小兒麻痺症，無法站起後就開始坐了；從早上起床後，到晚上臨睡前，就這樣坐了一整天，就這樣坐了一輩子。

我和大部分的輪椅族，最大的不同就是，大部分的人輪椅上都是放著軟坐墊，這樣坐起來比較舒服，減少壓力。然而我屁股下坐的卻是硬木板，這樣坐得比較挺立，比較帥氣。哈哈。這就是為什麼我會說「坐功」了得。

不過，坐久了還是會累，坐久了還是會有後遺症，譬如痔瘡和褥瘡。還好自從我養成了每天如廁的好習慣後，痔瘡就痊癒了。而褥瘡讓我飽受一年多之苦，不論是臥床或是抹藥，完全不見效果，後來詢問了脊髓損傷的朋友，因為褥瘡是他們最大的天敵，有人建議我改坐充氣式坐墊，神奇的是，褥瘡就這樣不藥而癒。

我坐著主持廣播節目，從「坐家」變成了「作家」，最厲害的是，坐著演電視，自已演自已當男主角，拍了四個月，二十三集的連續劇，寫下了台灣電視史上，第一個坐輪椅者當男主角的演員。

在公開場合，我最常唱的一首歌就是《小丑》。歌詞中有一段是這樣寫著：「是多少磨鍊，和多少眼淚，才能夠站在這裡。」我唱的時候，會將「站」在這裡，改成「坐」在這裡。

不知一般人，是怎麼看待坐輪椅或殘障一事，其實，換個角度去看，也沒什麼不好的。不少人到了年老的時候，在行動上都會出現一些障礙，必須仰賴輔具拐杖或以輪椅代步。不過，許多人無法適應這樣的生活，甚至會產生垂頭喪氣、一無是處的想法，以致老年生活，過得並不自在，並不如意。

而我恰恰相反，從年幼時，我就罹患殘障，就開始與輪椅為伍，可以說我是花一輩子的時間，來提早適應這件事情。所以到了老年生活，根本沒有適應不良，難以接受的問題。到時候我可以活得比誰都自在，比誰都如意，甚至大紅燈籠高高掛。哈哈。

如果我的人生，還算有些小小的成績或小小的成就，人家是走出來的，我是「坐」出來的。從年輕時的打拚、力爭上游、突破障礙，到年長時的現在，可以坐著看山、看海、看天上湧動的雲彩。突然靈光乍現，何不將這本書的書名，叫做《「坐」看雲起》，因為我是最名符其實的了。

最佳拍檔攜手做公益

桃園市八德區大勇里里長劉信通，近花甲之年時，擔任里長伯已經第五屆了。黝黑的膚色，常被誤以為是黑人，這正是他不畏日曬雨淋，勤跑基層，為里民服務的最佳特徵。

前桃園市微笑協會理事長卓聖良，與阿通里長有著相仿的年紀，相同的膚色。不知為什麼，卓理事長的父母，已近乎植物人了，然而他每天還是笑臉迎人。微笑，或許就是他的特徵。

因著行善的因緣，兩人結識了，並邀約附近的婆婆媽媽和退休的阿公阿伯，成立了環保志工隊，從事資源回收工作，而賺的錢就用來做慈善公益活動。

經常面對髒亂乃至惡臭的回收物，剛開始，的確有些志工萌生退意。然而他們兩人總是不厭其煩地告訴大家，「施比受有福」，再加上兩人又彎下腰跟著一起做，以及每每看見受幫助者臉上浮現的感謝表情，志工們的疑惑和離去的情形，才得到改善，目前環保志工隊，已有五十多人。

這些志工們每週二、四至關懷據點，其中包括負責煮飯菜供長者用餐的志工（身心障礙、獨居長者免費送餐服務）、免費修理小家電及腳踏車的志工、派出所志工、學校交通導護志工，還有人擔任分局的女義警。

合作，並非容易之事，尤其是在華人社會，更是如此，因為許多人都想各霸一方，領導群雄，而不願與人攜手合作。我曾問過他們，是否有理念不合爭吵的情形，他們居然回答，從未有過。

他們表示，能言善道的阿通里長負責前鋒，不擅表達的卓理事長扮演後衛，兩人分工合作，就這樣一合作，走過了十三個年頭。

他們兩個人舉辦的慈善公益活動，也嘉惠了我所帶領的「混障綜藝團」，邀請本團前往許多學校，做生命教育宣導的演出。取名「混障」的經典意義，就是「混在一起更有保障」，簡稱「混障」，剛好符合了他們兩個人合作無間，團結力量大的精神。

有一年，阿通里長的兒子結婚，他特別邀請混障在結婚喜宴上，做餘興節目的表演。有些親友持反對的意見，認為婚宴是充滿喜氣的，幹嘛找一些缺手斷腿還有眼盲的人來表演，這樣不是觸霉頭，很不吉利嗎？然而阿通里長仍獨排眾議，堅持邀請混障表演。這是最令我感動與感謝之處。

而對卓理事長印象最深刻的就是，混障演出之時，他總是挑最辛苦的事情來做，譬如：搬抬重重的電子琴、協助輪椅者上下舞台、抱我進出車子等等。然而在他的臉上，往往看不見倦容，他的笑容彷彿來自海洋的水，永不乾涸。

愛有多深，路就有多長。在他們兩人的身上，看見了朋友之愛，鄉里之愛，還有對弱勢族群的關愛。

讓生命更精采

位於新莊的元亨寺台北講堂，當家的是會常法師，我邀請他上復興電台「大小一家親」廣播節目。

訪問中，有一件有意思的事情。我請法師找一個他認為最舒適的坐姿，豈料法師說，他可以盤腿而坐嗎？我說當然可以。於是，一個一百八十公分身高的大屁股，盤腿而坐在一張小圓板凳上。坐了一兩個小時，他完全不會腳痠腳累，一副怡然自得，很享受的樣子。好厲害啊！

幻想著，法師會不會坐著坐著，就騰空而飛了起來。在我腦海中，法師儼然成了武功高強的大師了。哈哈。

法師親切隨和，他很客氣地說，訪談中不需要有所忌諱，想問什麼就問什麼。

我問：「法師，請問您為何要出家？」

法師表示，他的出家可以用六個字來形容，那就是「讓生命更精采」。若是他像一般人那樣，娶妻結婚，生了幾個孩子，就這樣，他的心思意念、精神體力，就只能照顧妻小這少數幾個人。

他的出家，可以化小愛為大愛，利益眾生，幫助許多更需要幫助的人。像該團體在暑假期間，就常為當地社區的小朋友，舉辦暑假夏令營。我和會常法師的結緣，就是在去年的夏令營，他邀請混障綜藝團來演出，應該是節目精彩，教化人心，所以今年繼續邀請本團演出。

突然有個想法，我何其有幸，不需要出家，不但可以有照顧妻小的小愛，又有創建混障綜藝團，嘉惠殘友，服務社會的大愛，也就是包括了大小之愛。

原來，只要有一顆布施的心，不需要任何形式，或是身分地位，一樣可以灑愛人間，讓生命更精采。所謂「布施」不是有錢人的專利，而是有心人的參與。

意外之獎

這是個意外之獎。

我已經好久沒有得獎了，主要是台灣許多大大小小的獎都得過了。譬如廣播金鐘獎、社教有功人員獎、當選十大傑出青年等等。

這個訊息，是從盧蝴蝶小姐那聽來的（她是父親的學生），目前在香港從事報關的工作。她鼓勵我去角逐這個獎項，我告訴她，該得的獎我差不多都得過了，把這個機會留給其他人吧！

她不死心地告訴我，這個獎項的獎金豐厚，是港幣五十萬元，相當於新台幣兩百萬元，這是讓我眼睛為之一亮之處。心想，若是得到這個獎，有了這筆可觀的獎金，就可以捐助給混障綜藝團，作為偏鄉學校生命教育演出的費用了。

於是，我決定去爭取這個獎，主辦單位是港澳台灣慈善基金會，獎項名稱第九出愛心獎。盧蝴蝶也成了我的推薦人。我心裡有數，獎金越高，高手就越多，競爭就越激烈，希望也就越渺茫。不過我想起爺爺在世時告訴我的一句話，那就是「沒有場外的功名」。

直到進入決選的通知來時，我才開始有些緊張。主辦單位表示，要進行一個審查會，在會中請我提出簡報。我知道，這是最後一關，而這個簡報，是決定勝負的一關，決定獎落誰家的一關，十分地重要。我該如何與眾不同、出奇制勝呢？

審查會那天，主辦單位來了評審委員、工作人員、攝影、錄影的共二十多人，將整個會議室都坐滿了。如此的陣仗，不輸給我當年參選十大傑出青年的場面。我的簡報使出的奇招就是，將混障綜藝團的節目直接搬到現場表演，我想大部分的候選人，應該都會加強著力於ppt的說明。我挑選的節目有視障音樂家阿福、截肢舞者（王蜀蕎、郭韋齊、楊采蓉）、台灣第一位腦性麻痺患者歌手程志賢。

審查的過程中，先是女性朋友的感動落淚，然後輪到男士們，其中有一位男性評審委員索性掏出手帕掩面大哭。第一位發言的是港澳台灣慈善基金會召集人陳添茂先生，哽咽地說：「看到你們，我覺得自己做得太少了。」

獲獎的喜悅自是不在話下，最大的欣慰就是，對於我這些年所做的努力，所給予的肯定。以往所得到的獎項，都僅限於國內，而這個國際性的大獎，使我的獲獎紀錄更上一層樓。

頒獎典禮在香港舉行，三天兩夜的行程。這次除了我的受獎外，主辦單位還安排了兩個混障的演出，作為表演節目。一個是截肢者的舞蹈，一個是程志賢的歌唱。我是最後一個頒獎，在發表得獎感言時，我說道：

「各位貴賓、各位得獎人、各位親愛的朋友，大家好。

只有付出，才會傑出。

首先，謝謝各位評審，將這個獎給了我，這代表大家對於我這些年的努力，所給予的肯定。

再來，我要謝謝我的老婆，記得在我榮獲廣播金鐘獎的時候，忘了謝她，結果被她唸到現在。還有今天在現場的，我的老媽、妹妹、阿姨們，謝謝他們遠從台灣來到香港，分享我的這分榮耀。

另外，謝謝混障綜藝團這次來演出的蜀蕎、采蓉、韋齊、志賢、小魏、還有老草，如果沒有混障的加分，就不可能有這個獎。

最後，我要將這個獎，和在天上的老爸分享。老爸，謝謝您對我的不放棄，所以我才有今天這樣的成果。

讓我用這句話，和大家共勉，作為最後結語。那就是：『人生的價值，不是在於你贏過多少人，而是在於你幫過多少人。』謝謝大家。」

語畢，台下響起了如雷的掌聲。我還記得說到老婆那段，大家發出了哈哈的笑聲，講到老爸那段，不少人在偷偷拭淚，我也哽咽地一度說不出話來。

我兌現了自己的承諾，將兩百萬的獎金扣除稅款，全數捐給混障綜藝團，作為本團前往偏鄉學校宣導生命教育演唱會的費用。這是當年對自己立下的期許，四十歲是我的人生分水嶺，四十歲以前，不斷地尋找貴人，讓我在工作、行動、人際關係等方面，有所順利；四十歲以後，我期許能夠成為別人的貴人。

殘障，是我人生中的意外，而這個國際性的大獎，儼然是上天彌補我意外中的另一個意外。

我喜歡你

前往新竹縣長安國小演講，這是一所偏鄉學校，下了高鐵，還需四十多分鐘的車程才抵達，全校師生近一百位。

這裡的孩子，多數是弱勢的，有外配的、單親的、隔代教養的、家境貧困的，看到他們總是有許多的疼惜與不捨。

面對小學生演講，我根本就是在「玩」他們，逗得他們哈哈大笑，所有的目光完全被我掌握。其實用他們的語言，跟他們說話，是很重要的。

下課時，小朋友們排得長長一列隊伍請我簽名。有人拿課本，有人拿筆記本，還有人拿著一張皺皺的紙讓我來簽。嘻！

有一個小男生，來到我耳邊，說了一句話：「我喜歡你。」還來不及給他來個愛的抱抱，他就開心地跑走了。

許多孩子，遇到身障朋友，都會有點怕怕的，或是保持一定的距離，然而只要有足夠的熱情與能量，他們還是會被融化的。

在回程的高鐵上，我在想，要注入多少正能量，才能讓一個孩子，對一個素昧平生的人，在短短的時間內，說出「我喜歡你」這類的話。

高鐵快速地前進著……

東三門的奇遇

參加慈濟人文閱讀推廣中心主辦「二〇一二行動學堂——衝破逆境，珍愛生命」活動，是在嘉義的吳鳳技術學院。晚上搭高鐵回到台北，出了台北車站東三門時，有一個約莫十七、八歲的陌生女孩，主動過來跟我打招呼，並喊出我的名字。對她，我是陌生的，對我，她並不陌生，否則，她怎麼可能喊出我的名字。於是我問她，我們是在哪裡認識的朋友？本以為她的答案會是「電視」，豈料，她說是「彰化少年輔育院」。

她說她是彰少輔的收容人，曾經聽過我去那裡演講，並帶領混障綜藝團去表演。此時，我「悲天憫人」的個性又出來了，我沒有只說一句「加油」敷衍，就匆匆地離去。

我問她，現在有沒有乖乖地，有沒有在工作了？她表示，她已經沒有和過去那些朋友往來了，她現在有在工作。然後，她拿出了她在兜售的小東西給我看。

我告訴她，兜售的工作，不是不好，只是不穩定，希望她還是能找一份正職的工作。她還年輕，又是好手好腳，只要肯吃苦，願意努力，一定可以走出一條成功之路。

臨走時，我將慈濟給每位團員的伴手禮，裡面是吃的東西，給了那個女孩。她毫不拒絕地就收了下來。我想，可能她今天的生意欠佳，連晚餐都還未吃，而這個伴手禮應該就是她的晚餐。

這個星期，我有六個活動，這個活動是倒數第二個，從清晨一大早出門，回到台北已是滿天星斗了。然而在東三門的這一段「奇遇」，讓我疲憊的身體，又有了精神。因為這代表我們所推動的「生命教育」工作，是值得的，是看得到影響的。

真相

混障綜藝團經常去學校演出，有時候，會有一些學生藉著臉書上的留言來做回饋。然而從未有一位學生，能夠寫出如此文情並茂的信件，有著如此坎坷的遭遇，著實地令人同情。

內容如下：

嗨！我是雙十國中國三的學生。

看了昨天你們對生命的熱情及堅持還有精彩的演出，只能說感動也感同身受。

今年一月我意外傷了腳，後來檢查發現得了骨癌，為了保命需要截肢掉左腿。

從那一刻開始到看你們演出之前，我都還是處於絕望及沮喪中，心想為什麼是我，少了一條腿我能幹嘛？

星期一，學校老師問我隔天要不要到學校聽音樂會。原本我是拒絕的，因為不想讓同學看到自己的身體少了四分之一。老師又說這次表演的團員跟我一樣都被剝奪身體的一部分，剎那間我愣了一下，「音樂會？身障者耶！怎麼可能？」後來我還是去了。

一開始的三位姐姐，有的拿著拐杖，有的少了一隻手，卻站在台上跳舞，當下我的反應是……哪來的勇氣？我連坐輪椅都不敢讓別人看到了，何況是在大家面前表演。但她們自信快樂的笑容及優美的舞姿，讓我忘記她們身體上的殘缺，我看得目不轉睛也不小心掉淚……為什麼掉淚？因為她們勇敢面對的心感動了我！

還有戴墨鏡的哥哥，我小學的時候，曾經一段時間因為雙眼開刀，所以必須遮眼治療，完全是看不到的。我覺得真的很恐怖，不曉得身旁的一舉一動，不曉得現在在哪裡，不曉得是亮是暗，什麼都沒辦法看見真的很難過很失望，雖然我沒辦法完全懂這位哥哥的心情，但大概有個了解，我覺得哥哥好棒！開朗樂觀的面對生命的無常，也用自己富有震撼力的歌聲唱出對生命的熱情堅持不放棄，《你是我的眼》這首歌，哥哥唱來真的和蕭煌奇有不一樣的風格，我好喜歡也很感動。

演默劇的聽障哥哥！你好可愛。哈哈！無聲的世界是什麼我不知道，不過你心裡應該有個聲音告訴你要好好地精彩過生活是吧？你要跟隨心裡的聲音，繼續加油！還有我想跟你……（兩隻手按大拇指……嘿嘿）我也有學過手語哦！希望有機會能和你聊天！我剛治療完有點累了，所以只說這幾個表演而已，但其他哥哥姊姊的表演我也很喜歡很喜歡哦！你們全部都好棒！！

徵求同學上台心得報告時，我是真的很想很想上台。可是不方便只好放棄，也想要跟演唱《你是我的眼》的哥哥說這場演唱會有多少人，還有你三十歲之後的世界很漂亮很美好。和默劇哥哥說什麼聲音一定要聽到也最動聽？就是心裡的聲音，我在你們身上看到的不只是身體上的殘缺，而是「逆風更適合飛翔」這句話，還有對生命懷抱著不熄滅的熱情，以及永不放棄的堅持不懈。

我少了四分之一的身體又怎樣，還有四分之三呢！可以做好多事情啊～謝謝你們給我莫大的力量，不管是歌聲還是樂器，跳舞還是默劇……生命的曙光果然一直都在心中等待自己去發現……你們每個人都要繼續堅持下去！感動更多更多的人！加油！！謝謝你們。

（如果可以的話，不知道是否能讓昨天表演的哥哥姐姐聽到或看到？）

自此，我和這位同學開始了訊息的往返。有一次，我鼓勵她，除了好好讀書之外，希望她也能夠學習一些才藝，日後就可以參加混障綜藝團了。豈料，她卻告訴我，自己來日不多，因為她的癌細胞擴散了。

一個十五歲的孩子，除了截肢之外，還即將失去她的生命，這樣的人生也未免太悲慘了吧！有一次，她告訴我，她即將進行一個只有百分之十五成功率的手術。在結束前，她寫了一句「好想活著，再看一次混障的演出」。這句話讓我淚崩。

幾日後，她告訴我，她的手術相當成功，我為她高興慶賀。再怎麼也沒有想到，當天晚上，她的舅舅用她的臉書的私訊告訴我，小香（化名）癌細胞侵襲到肺部，已於十點四十三分往生了。

這未免太戲劇化了吧，彷彿電影的情節一般。不過有一件事情，令我覺得事有蹊蹺，那就是為什麼每次我說要將她的照片或事情分享在臉書上，她就極力的反對，問她為什麼，她說不想讓同學為她擔心。

她還說因為她爸媽過世時，有許多同學想要去探望她，讓她不勝其擾。所以她才不想讓她的事情曝光。現在又多了一件，父母雙亡。該怎麼來形容她的遭遇呢？真是悲上加悲，慘上加慘。

我決定要扮演柯南，追查一下事情的真相，到底是不是如此悲慘？所以我發了一封訊息給她舅舅，信中表示，我認識雙十國中的林校長，我會相約校長一起去參加小香的告別式，送孩子最後一程，不要讓她走得太孤單。

舅舅回信了。他表示，家族決定不對外開放，這也是小香的遺願。另外，她的舅舅還拿出了一封小香寫給我的遺書，遺書裡千叮嚀萬交代，不要將她的死訊貼在臉書上。我心想，人都走了，還在乎這個幹什麼，越想越覺得有許多的疑惑和問號在腦海中盤旋。

我決定打電話給雙十國中的林校長求證。林校長請學校去電學生家長，後來才知道，小香根本活得好好的，她沒有截肢、沒有坐輪椅、父母健在……

真相終於大白，水落石出，原來這是一場惡作劇。我不願意用「詐騙」來形容，因為我並沒有損失任何實質東西，如果一定要說少了什麼，那就是「善心」。

事情就這樣結束了嗎？還是交給學校來處理呢？我發覺學校也是抱著多一事不如少一事的消極態度。校長說，網路是個虛擬世界，虛虛實實、真真假假，不用太去在意。

我認為，一個才即將從國中升高中的學生，就已經這麼處心積慮、用心鋪陳地捉弄別人，若是不給她一些輔導和提醒的話，長大後，她極有可能淪入詐騙集團。

在我決定將整個事件貼在臉書之前，我利用私訊再問了一次小香。我說我願意給她一個原諒機會，只要她認錯道歉，否則一切後果自行負責。沒想到這個孩子仍然執迷不悟，辯說她不是小香本人，而是盜用她的帳號。

過程中，我們還有一段激辯。她表示，我們不是在做幫助人的工作嗎？為什麼不能原諒她。我回答，她連承認自己錯誤，反省道歉都不願意做，她有什麼資格要求我原諒她。再說，她又不是小香，幹嘛替她求情。

我在臉書上貼出了惡作劇事件後，有親友跟我反應，這樣好嗎？難道不怕傷害這個孩子，讓她更負面，更走不出來，甚至還有人說，敵暗我明，萬一對方做出傷害我女兒的事該怎麼辦？所以他們建議我將貼文撤下。

然而我還是堅持不撤，我認為該給這個孩子一些教訓和警惕，否則，姑息養奸下去，只會讓她變本加厲地從惡作劇變成詐騙集團。這個孩子外表行為舉止都很正常，但她的心生病了，若不予以矯正，難保不會成為下一個鄭捷。

事情發生不久，剛好在我的廣播節目，訪問元亨寺台北講堂當家會常法師，藉機我問了法師，我這樣做對嗎？請法師開示。法師表示，世間事沒有絕對的對錯，你只要認為對的事情，就勇敢的去做吧！法師的話，給了我力量，讓我更堅持的去做對的事情。

幾天後，事情出現了峰迴路轉，證明我這麼做是對的，因為小香出來道歉了。

她表示，她會說自己殘障還有將自己的遭遇身世說得這麼慘，是為了要我同理她，拉近距離，讓我很快能走入她的世界。至於後來為什麼會「詐死」，因為補習班老師說，要他們專心念書，不要再沉迷於臉書了，所以她才想到用這種方式和我「告別」。

看到她誠心的道歉，我表示，知錯能改，善莫大焉，我願意原諒她。另外，為了讓她知道，我是愛護她的，所以才會手下留情，點到為止，要不然我早就發新聞稿，透過媒體來「追殺」她了。

知過不難改過難，

言善不難行善難。

整個事件，終於落幕了。希望這個孩子，真的能夠改過向善。祝福她。

天冷心暖

三月下旬，寒流來襲的那一天，又下著雨，我來到有「風城」之稱的新竹，又吹著風，儼然是三面受敵啊！

下午在新竹高商，面對一千多位師生演講，同學超優秀的，要他們鼓掌，就掌聲如雷，要他們安靜，就是最高品質一片靜悄悄，正所謂「動如脫兔，靜如處子」。

說起這場演講，背後有一段因緣，因為不是學校邀請的，而是學校的一位同學推薦的，他的名字叫王俊元，我們素昧平生，只是臉書上的朋友而已。

這位同學很害羞，我請他上台來，要送一份小禮物獎勵他，他說什麼也不願上來。我就在想，他這麼靦腆，又哪來的勇氣，去跟學校輔導室推薦我來演講呢？

後來，他主動告訴我他是所謂的「特殊生」，學校共有八十多位這樣的同學，很佩服他，願意將心動化為行動，不像許多的同學，只是想想，最後就不了了之，沒有下文了。到底誰才是特殊生，在我心中打了一個問號。如同獲取知識一樣，實踐才是打開知識庫的鑰匙。

我打趣地跟他說，下次要推薦我去哪裡演講啊！他淺淺一笑，沒有回答。謝謝他這麼看重我，我表示，希望他好好讀書，大學畢業之後，來當我的經紀人。

回程的路上，天冷冷的，心暖暖的。

用創意點亮你的眼

這天早上在位於石碇的永定國小，面對一百零一個小朋友演講，特別的是，這一場做了別開生面的開場。

在小朋友尚未步入禮堂前，我已在舞台上，學校老師在我面前，放置著一個大大的木板，我則藏身在木板之後。如此台下的學生，只聞其聲不見其人，宛如收聽廣播一般。

演講開始，我模仿著目前最夯的卡通影片海綿寶寶的聲音，並帶著大家唱著海綿寶寶的插曲《蟹堡王之歌》。之後，我又模仿了派大星和珊迪的聲音。可以感覺得出來，小朋友們的雀躍心和好奇心，被我模仿的這些聲音帶到了最高點。

之後，老師詢問台下的小朋友，請她們猜猜看，木板後面有幾個人？有人猜一個人，有人猜兩個人，有人猜三個人。我還聽見坐最前面一年級的小朋友，猜有一百個人。

最特別的是，當木板移開的剎那，當我的本尊現身於大家的眼前之時，我從許多小朋友的目光中瞥見，有些人顯得驚喜，有些人覺得不可思議。

那些海綿寶寶、派大星、珊迪等，怎麼會是出自一位坐在輪椅上的人所發出的聲音。如此的「反差」，相信在小朋友的心中帶來不少的震撼。原來，一個輪椅者，也能成為一個廣播人；原來，天生我「殘」必有用，每個人都不要小看自己。

混障團員程志賢，是國內第一位腦性麻痺歌手，他說話極為辛苦困難，然而唱起歌來卻能琅琅上口，如此的「反差」，使他的歌聲深具穿透力，很少有人不為其感動落淚。

如今，我也找到了自己能讓台下觀眾印象深刻的「反差」。

我總是期勉自己，不論是演講或活動的主持，都要不斷地求新求變，讓「創意」不時地圍繞其中，如此方能精益求精，更上一層樓。

第一把輪椅

我已深入國軍陣營了。

國防部推出了「show出生命的彩虹」活動，邀請一些身障人士，以演講的方式走入軍營，針對官兵弟兄們進行心理健康的宣導，以激發其正面能量。我便是講師陣容之一。

那天上午，在憲兵司令部演講，下午在陸軍關渡指揮部演講，來回都有安排專車接送，國防部並派了一位年輕貌美的女性少校陳俊伶小姐，隨侍在側協助。人家是護花使者，我可是有「護草」使者。

當初，在接獲陳少校邀約演講的電話時，誤以為是詐騙電話，心想，怎麼可能會是一位類似高中小女生的聲音打電話來。之後，再接到她寄來的email，才知道她的官階這麼高，貴為「少校」。

軍營如同監獄一樣戒備森嚴，一般人不可能任意進出，然而我卻以「貴賓」之姿，經常出入監獄，如今又多了軍營這個地方。人家是常以第一把「交椅」自稱，我應該是台灣進出監獄和軍營最多的第一把「輪椅」。

以往演講都是以學校為主，監獄次之，如今又增添了軍隊一地。我很感恩老天奪走了我的行走能力，卻彌補了我「演講」的能力。

另外，演講需要的一些元素，譬如：高潮迭起的生命故事、悅耳動聽的聲音、字正腔圓的語言等，簡而言之，就是「口條」很好。這些老天都加進來了，所以我才有一場又一場的演講。

獨自搭高鐵

這是第一次獨自搭高鐵，從高雄到新竹，然後主辦單位派車來接我，前往龍潭的讀書會作演講。本想找混障的志工陪同，但想到這是我私人的行程，應該盡可能地做到公私分明。

有時候，我也想好逸惡勞，我也不想學習獨立，可是遇到了，該怎麼辦呢？只好硬著頭皮去做吧！或許這就叫做「時勢造英雄」。

我也不想從小就離鄉背井，被送入廣慈博愛院，在那裡度過了童年十三年的歲月，可是遇到了；我也不想獨自一個人去搭高鐵，請陌生人去幫我丟尿袋，可是遇到了。

記得搭高鐵的前一晚，睡夢中，我夢見老婆可以陪我去搭高鐵，突然之間，我整個人變得好輕鬆。因此，雖然獨自搭高鐵對我並非難事，然而在潛意識裡卻是抗拒的。

我很慶幸，當困難來臨時，我選擇的是勇敢地面對，而非找理由地去逃避。因此，廣慈那十三年的生活，讓我學習到人生的一個重要功課，那就是「獨立自主」。

而獨自搭高鐵，讓我學習到了，原來我可以如此輕易地完成此事，而且還很享受它。在此，十分感謝高鐵公司的「導引」服務，這是台鐵遠遠不及的。

下次我還想獨自搭飛機，出國去旅遊，那就更帥了。人生就是一連串不停地挑戰，就像我毛遂自薦地成為警廣節目主持人，以及之後的成立與帶領混障綜藝團。

老骨頭的精神

夜幕低垂，在燈火微亮的國賓飯店一樓的阿眉快餐廳，正有一群「老骨頭」的聚會，他們來自四面八方，最遠的是從美國加州而來。

所謂「老骨頭」，不單單指著年紀，還包含著太久太久未見面了。有多久呢？二十多年，有夠久吧！想想看人生有幾個三十年，大部分的人只有兩個三十年。不只是我和他們有三十多年未見，這群人當中，也有的人彼此三十多年未見。

這群人，是我小時候住在廣慈博愛院，他們來院裡為我們這些院童做服務的台灣大學慈幼社的大哥哥、大姐姐，套句現今的流行語就是「志工」。服務的內容主要是以課業輔導為主，記得當時每週二、五晚上，這些人就會出現於廣慈，陪我們做功課，為我們課業不懂之處解疑釋惑。那時候我是高中生，他們是大學生。

有時候，他們還會帶我們去郊遊。對於院童而言，無法外出（必須要由家人請假才可以外出），自然十分地嚮往去看看廣慈圍牆以外的世界。記得有一次，台大慈幼社的哥姐們，帶我們去看海，由於輪椅很難行走於沙灘，這時就有一位大哥哥揹著我去擁抱大海。不知道為什麼，此時此刻，我的腦海中會清晰地浮現出如此的畫面。

因著盛良平「盛哥」從美國返台，才有了這次老骨頭的聚會，感謝盛哥的邀約，以及沈優玲「沈姐」的連絡，讓我能成為此次的神祕嘉賓。錯過了這次，我不知道何年何月何日才能再見到他們。

這次我見到了沈優玲、鍾慧靜、徐瑋玲、莊宏司、何文瑞等人，歲月在我們之間不知不覺又飛快地走過了三十多個年頭。一個人三十多年未見，今晚剛好有十個人，加總起來共有三百多年不見。如此地重逢，是何等地奇妙與令人珍惜。

有一句話說：「媽媽是個愛漂亮的人，歲月，請你不要傷害她。」三十多年的流轉歲月，確實在每個人的臉上鑿下刻痕，有些人我依然可以辨視其容貌，有些人我已尋不回過往的模樣了。

然而不變的是，他們的熱情依舊不減，如同當年他們來廣慈志願服務一樣。而這次聚會竟讓我成了受注目的焦點，他們要我來介紹一下我所帶領的「混障綜藝團」，他們覺得這個團體很有意義，希望未來能幫我們做些什麼。

從盛哥的「追星」（混障綜藝團），到三十多年後的「重逢」，這宛如蝴蝶效應一般，台大慈幼社的精神似乎又再延續下去……

泡腳

最近這幾天，晚上臨睡前，老婆會用臉盆裝著熱水，讓我泡腳。原本冷如冰的雙腳，經過熱水的洗禮，雙腳開始解凍，由泛紫色的變成紅通通的，彷彿煮熟的豬腳。

以往的寒冬，雙腳都是靠著棉被加溫，往往都是到了下半夜，乃至快天亮了，雙腳才會熱活起來，然而再過不了多久，就要起床了。所以我的睡眠狀態，常常處於上半身在赤道，下半身在北極。

泡腳的時候，我感到有一股熱氣，自腳底緩緩上升，然後擴散到全身，向來視冷為畏途的我，也就不覺得冷了。這時候上床睡覺，特別好睡，可以一覺至天明。

我想起我們家認識的一位徐奶奶，她耳聰目明，身子骨十分硬朗。她表示，她的養生之道，就是每晚臨睡前泡腳，不管冬天或夏天。如此地泡腳，使得她延年益壽，活到了九十多歲。

由於我的雙腳無法行走，形同虛設，所以常常忽略乃至遺棄，並沒有好好地維護且照顧它。這一陣子，飽受脹氣之苦，去中醫診所就醫時，除了藥物，醫生還以針灸為我治療，這是我生平第一次扎針。

醫師表示，透過針灸可以將我體內的雜氣和脹氣，自腳底排出。此時我才恍覺，我的雙腳並非百無一用，原來它還是有「排氣」的作用。於是我決定，好好地善待它，不再「一國兩制」了。

徐奶奶的「泡腳」之說，我早就知道了，只是當時我一直認為自己還年輕，尚未到泡腳的時候。如今年過五十，加上最近如此地體悟，我決定將泡腳當成像之前培養的一些好習慣，繼續地實踐下去。

活到老做到老

有人問我，生涯規畫中打算幾歲退休？有一陣子，我也在思索這樣的問題。後來，我有了答案，我不打算退休，一直做到我動不了應付不了為止。

因為我現在的工作，演講和廣播，是一種善知識的傳播，不論是一句話或是一個理念，輕則帶給人激勵，重則帶給人改變。而混障綜藝團的主持活動，是一種公益慈善，用生命影響生命，用生命感動生命。

這不是令許多人羡煞，退休後想投入的事情嗎？為什麼我反而要放手呢？

不少人退休後，生活頓時少了重心，變得無所事事，大部分的時間，就只有守著電視，這樣身心靈老化得特別快。當然，也有些人退休後，從事自己喜歡的一些嗜好和興趣，像書法、運動、釣魚等。有些人走入醫院、社福單位、宗教團體擔任志工，這些都是退而不休的生活。

像我們住的這棟大樓有一位叫做秀秀的鄰居，她每天清晨，要比雞還早，就在樓下的公園做運動；遇到下雨，就在家裡面舒展筋骨。閒聊之下，才知道她已經八十九歲的高齡了，然而她說話有氣力，身體有精力，走起路來更是有活力，不說的話，還以為她只有六十多歲左右。

我認識的另一位，中華慈光會創會會長郭楊代珍女士，我們都喊她「郭媽媽」。從我認識她開始，就已經投身社會福利，關懷身心障礙的朋友，從每年固定舉辦一次的大愛獎，到現在念茲在茲希望能夠成立一個「大愛村」，讓身心障礙朋友的晚年得以安養。

如今郭媽媽已經九十三歲了，還是繼續在做，朝著籌建「大愛村」的目標前進。不論是秀秀阿姨或是郭媽媽，她們都是活到老做到老，為此寫下了最佳的典範。

總之，我會繼續向前走，走不動的時候，就向上走（天堂，嘻！），不會退下來的。

美麗人生

雖然她的名字叫「美麗」，然而她的人生一點也不美麗。

她的婚姻只維持了十年多的美麗，之後因著老公的外遇而變得不美麗了。從此她必須扮演單親媽媽的角色，扶養兩個小孩長大，撐起一個家。

兒子從小就對父親有著一股怨一股恨，或許這樣的緣故，他開始叛逆，步入打打殺殺的黑道，進出監獄多次。

我極少參加老婆這一邊親戚的任何活動，除了吳美麗女士兒子的結婚喜宴，而且是我主動說要參加的。

吳美麗喊我岳父母叫大舅、大舅媽，所以我和她的親戚關係是，我喊她「表姊」。那一天在電話中，她千拜託萬拜託邀請我去參加她兒子的婚宴，似乎我的現身對她是一種榮耀。

她表示，當天的婚宴，只有兩位貴賓致詞，一位是基隆市議會議長黃景泰先生，一位就是我了。沒想到，我也被她列入「貴賓」的身分，讓我有些受寵若驚。

其實，就算她未主動邀請我，我也會隨同岳父母去參加這個婚宴。主要是吳美麗將我岳父母視為家人，如同自己的父母般一樣地關心和對待，光是這一點，就值得讓我非去不可，表達我的感謝，更何況她還殷切地期望我的蒞臨。

吳美麗家住基隆市暖暖區，每隔一段時日，她就會偕同她的老來伴「陳大哥」，帶著大包小包的食物，有些是她外買的，有些是她親自烹煮的，前往台北市的岳父母家，陪兩位老人家聚餐。

岳父因中風而端坐輪椅之上，岳母現今每個星期要去醫院洗腎三次，自從兩位老人家疾病纏身後，我發覺來探望他們的親戚朋友越來越少，除了吳美麗。而她的探望不是偶一為之，而是持續的，行之有年的，如此的「情義」，令人動容不已。

吳美麗還加入了慈濟，除了捐款外，經常會去參加一些公益慈善活動。證嚴法師曾說，世界上有兩件事不能等，一個是「行善」，一個是「行孝」，我想在吳美麗的身上，就是最佳典範的表現。

除了洗腎外，岳母幾乎是足不出戶，但那天晚上，她卻御駕親征，她和我們將近有一桌的人，前往基隆市暖暖區的餐廳，參加吳美麗兒子的結婚喜宴。金錢債好還，人情債難還啊！

我在致詞時表示，希望吳美麗的兒子和即將入門的媳婦，能夠效法他們母親這樣的德行和風範，有了如此的學習，相信他們小倆口的婚姻，才能真正地永浴愛河，白頭偕老。只可惜我說這段話時，他們小倆口剛好去換裝不在現場。

本以為從此以後，這對新人，會像童話故事裡的王子和公主，過著幸福快樂的日子，美麗也將苦盡甘來，共享天倫。豈料，婚後兩年多，她的兒子突然暴斃，如此殘酷的打擊，讓她幾乎活不下去。中年失婚，晚年喪子，問她是如何走過痛苦的陰霾。

她表示，多虧自己有學佛，加入慈濟，讓她懂得如何學會放下。她仍然十分感恩老天，讓她有個疼愛照顧她的老伴，以及不離不棄的媳婦。

原來，幸福不是你失去什麼，而是擁有什麼。美麗的人生，依然是美麗的。

鄭媽媽，願您一路好走

我們以前的好厝邊鄭媽媽往生了。

和鄭媽媽在板橋銘傳街為鄰，應該是十年以前的事了。那是一棟公寓式的建築，我們住在三樓，鄭媽媽住在四樓。那一段時日，是我困坐家中的歲月，然而鄭媽媽非常地照顧我，記得她曾經揹我上下樓梯，送飯給我吃，印象最深刻的就是有一次家人不在，她特別幫我洗澡，讓我可以乾淨帥氣地出門。

鄭媽媽最大的特色不是胖，胖應該只是她的特徵，笑起來眼睛會瞇成一條線。樂觀開朗，古道熱腸，才是鄭媽媽的特色。每當看到她，我都會忍不住地對她說：「鄭媽媽，您應該出來選里長。」然而她總是笑笑地，瞇著眼睛說不用了。儘管她不是里長，但她為左鄰右舍做的事情，絕不輸於里長。

每當電話響起，她會立刻起身下樓，騎著她小綿羊機車去做「里民服務」。誰說胖子都是好吃懶做，在她的身上我看到的是精神百倍，活力十足。

那一天上午，在板橋殯儀館參加鄭媽媽的告別式，送她最後一程。我看見好久不見的鄭伯伯，以及更久不見鄭媽媽的兒子鄭育仁。鄭育仁和鄭伯伯越長越像，像一個模子出來的一樣。

我還看見了早年我在家裡開設兒童作文班，來跟我學作文的陳子豪。他現在已經當爸爸了，若非他主動和我打招呼，在路上我一定會認不出他是誰。另外，我還看見了陳子豪的爸爸。

去年，老爸的告別式，鄭媽媽有來送行，豈料，一年多後的今天，輪到我們來為鄭媽媽送行，人生真的太無常了，鄭媽媽才六十七歲，似乎走得太早了。為什麼這些多年不見的親友，都只能在如此的告別式中才見，或許這就是人生吧！

靈堂的布置素雅莊嚴，中間和左右兩側擺放了鄭媽媽大大的照片，我最喜歡右側的那張，十分地俏皮。那張照片，鄭媽媽面帶微笑，嘟著嘴巴，頭上戴著一頂紅色的小帽，右手張開五指揮舞著，彷彿在與人說再見。

這張照片，不就是鄭媽媽一生的寫照嗎？她生性樂觀，與人為善，樂於助人，連在人間的舞台下台一鞠躬時也快樂地和大家說再見。儘管她是小人物，卻活在許多親朋好友的心中，這勝過有些大人物，不論在世或離世，他們的身影都無法走進人們的心裡。

今天若說我有什麼知名度，或是能為社會做一些什麼，我想都是因為在我的身邊出現了像鄭媽媽這樣的菩薩，使得我的人生走得順暢一些，繳出了不錯的成績單。

鄭媽媽，感謝您為我做的一切，願您一路好走，早登極樂。

我走進球場

這是生平第一次走進球場，二〇一三年。

一直有這麼一個願望，希望有一天能夠到美國，觀賞一場大聯盟的球賽，尤其是洋基隊的比賽，看一看我所欣賞的洋基隊隊長Jeter。想不到，大聯盟的比賽還未看到，先看到了日本職棒賽。

大阪旅遊的第四天，行程是自由行，在還未出發前，目前是中央廣播電台主持人、曾擔任過體育主播的范重光，問我是否有興趣在這一次日本之行，安排觀賞一場球賽，尤其當知道有可能看到旅日國手陽岱鋼出戰時，我的興趣就更大了。

下午時分，當大部分的人選擇逛街、血拼時，范重光、彭文玲（重光的太太）、妹妹劉鋆和我，便展開了地鐵之行前往球場。我們從我們住的飯店的梅田站出發，搭了三站到心齋橋，再轉地鐵經過三站，便抵達目的地了。

多年前，在日本有過一次搭地鐵的經驗，這一次因為看球賽，又讓我有了一次搭地鐵的機會。大阪的無障礙設施十分完善，一路上通行無阻，就連室內的棒球場，都有專屬於「輪椅子」(日本如此稱呼)的座位。

這是人生中第一次在現場看球賽，以往都是透過電視觀賞，我看到兩隊的啦啦隊，熱情又熱烈地為自己支持的隊伍加油吶喊，敲鑼打鼓、唱歌、拍掌等。另外，每當兩隊換防時，還有辣妹啦啦隊和吉祥物跳舞助興，可以說從開場到結束，現場熱鬧非凡，毫無冷場，這是看電視完全感受不到的氛圍。

在我的座位的前三排，有一個日本公司約有二、三十位員工，買了團體票，在球場邊看球邊吃便當，有些人還叫了大杯生啤酒暢飲，大夥兒有說有笑，十分地愜意和放鬆。難怪日本的棒球會如此興盛，吸引大批的球迷來朝聖，由此可見一斑。

這場球似乎在歡迎我們的到來，尤其知道我大老遠地從台北來日本一趟不容易，而陽岱鋼也不負所望，成為全場的打擊王，唯一的一支全壘打就是他轟出來的。從剛開始的落後到平手，及至終場火腿以五比二力克歐力士。

感謝范重光，一個不經意的舉動，竟為我「圓夢」。

大概很少人知道我很喜歡看棒球，或許有人認為行動不便無法運動，便失去了對運動的嚮往。其實不然，因為我有一顆躍動的心，超越了障礙的身體。

誰能熬過那三公分

這是令多少人羨煞啊！

三十歲，成為廣播節目主持人，最特別的資歷就是，台灣第一位榮獲廣播金鐘獎的身障主持人；四十歲，出了幾本書從「坐家」變成「作家」；五十歲，演電視連續劇，自己演自己當男主角。

這期間，擒得大大小小的獎項，甚至還有國際性的大獎；這期間，娶了妻子，有了孩子，洋溢在幸福美滿的家庭之中……

在台灣，目前領有殘障手冊的人數約一百一十五萬，有多少人能夠像我這麼幸運，或是說幸福吧！然而有多少人，只看到我頭上的光環，卻不見我背後的辛苦。殊不知，有整整十年的時間，我困坐家中，深入簡出。

這使我想到只生長在中國最東邊的一種竹子，叫做「毛竹」。從它萌芽後，即使農民再怎麼樣的灌溉施肥，百般呵護，它生長的速度就是非常緩慢，緩慢得讓人想放棄，四年來只長出短短的三公分。

但到了第五年，神奇的事情發生了，毛竹每天以三十公分的加速度成長，六週下來長成十五公尺，立刻變成蓊蓊鬱鬱的一片竹林。

當許多人讚歎高聳參天的竹林時，試問有多少人能夠熬過那「三公分」呢？

二〇一六年四月間，運動界的大事，就是Kobe退休了。即使行動不便，對一些運動賽事還是挺有興趣的，我的心願之一，就是去美國看一場大聯盟有洋基隊的比賽。

曾經有記者問Kobe：你成功的祕訣是什麼？

Kobe反問道：你知道洛杉磯凌晨四點的樣子嗎？

記者搖搖頭。

Kobe接著說：我知道洛杉磯每天凌晨四點的樣子。因為那時我開始一天的訓練了……

當我退役的時候，我希望回頭看我走過的路，每一天，我都付出了我的全部！

這段話，讓我模糊了視線，很多時候，我不就是這樣努力過來的。套句電影《霸王別姬》裡的一句話，「要想人前顯貴，必須人後受罪。」

誰能熬過那三公分，誰就是勝利者。

祭文

該寫一篇祭文嗎？

好歹我們也並肩作戰地合作了快五十年，每當我將大塊大塊的、軟硬不一的食物送進嘴裡，接下來，就是靠你們的分工合作，經過咀嚼、磨碎、軟化等步驟。然後，這些食物經過食道進入胃，最後抵達腸，透過腸壁的吸收，將營養送往身體各處需要的地方，化為動能，化為精氣神，我才能一天一天地活下去。

有時候，你們的個性也很固執、很倔強，會咬我的舌頭，傷害我的嘴唇，但大多時候，都是由於自己心不在焉地說話，或是沒有遵守吃飯時「食不言」的規矩。

曾盡力且努力地，想維護你們的使用年限，讓我們的相處相守能夠久一點，實在是太需要你們了。然而這一切終究抵擋不住歲月的摧殘。

就這樣，你們一個又一個的離我而去，讓我汗顏地儼然成了「無齒之徒」；就這樣，你們一個又一個的消失殆盡，讓我覺得我存活受到了威脅，生命逐漸凋零老去，將在人生的舞台下台一鞠躬。

為了感謝你們，希望將你們寫在墓誌銘裡，深怕人們覺得我太搞怪太瘋狂了。於是我將你們寫進了書裡，這樣比鐫刻在墓誌銘，更有知名度。不是嗎？呵呵！

最後，我還是為你們寫了祭文。

二〇一六年四月二十日這一天，我拔了三顆牙。

轉念神功

拍戲，有一段日子，我是最早出班，最晚收工。甚至還有幾天，從早到晚，都是我一個人在拍戲。在拍戲最後一里路時，每天都覺得睡眠不足，每天一到片場就覺得好想睡覺，而且隨時能睡，只要能夠睡上五分鐘，都覺得是一種幸福。那時候才深切體悟，能夠睡到自然醒是一件多麼幸福的事情，沒有失去，永遠不知擁有的可貴。

當意志力撐不住體力時，這時候我就會啟動第二個系統，那就是「轉念神功」。我會告訴自己，這部戲我是男主角，我是演我自己的故事，有誰像我這麼幸運，這又是多少人羨煞的機會，能夠為自己的人生留下一部傳記式的戲劇，尤其又是自己演自己，這要比出書更難得，更不容易。所以一切辛苦和艱難，都是值得的，都必須要撐過去。

想著想著，辛苦就不覺得辛苦，疲憊就減少了一些。

我在警察廣播電台主持節目十八年。這期間也遇過職業倦怠症，我也是靠「轉念神功」度過的。當時我就告訴自己，有誰像我這樣，待在冷氣房裡，聽著自己喜歡的歌曲，錢就這樣進來了。比起在外飽受風吹日曬雨淋的工作者，我是不是太幸福了。這樣一想，職業倦怠症就逐漸地消退了。

坐在輪椅上，我何嘗不是用轉念神功來面對，想著坐輪椅的好處。例如：逛街從來不會有腳痠腳累的問題；去到任何地方，不怕沒有座位，因為我自備座位；不需要穿鞋，比一般人省下許多買鞋子的錢等等。

原來，只要轉轉念，幸福就在心裡面。

早安、晚安

幾乎每天，我都會用LINE和朋友說早安、道晚安。很多人不知道，為什麼要這樣做，為什麼要這麼有禮貌？其實這源自於一個小故事。

有一位女士在一家肉類加工廠工作。有一天，當她完成所有工作安排，走進冷凍庫例行檢查，突然，一個不幸的時刻發生，門意外關上了。她被鎖在裡面，淹沒在人們的視線中。雖然她竭盡全力地尖叫著，敲打著，她的哭聲卻沒有人能夠聽到。

這個時候大部分工人都已經下班了，在冰冷的冷凍庫裡，沒有人能夠聽到裡面發生的事。五個小時後，當她頻臨死亡的邊緣，工廠保安最終打開了那扇門，奇蹟般地救了她。後來她問保安，他怎麼會去開那個門，這並不是他的日常工作。

他解釋說，我在這家工廠工作了三十五年，每天都有幾百名工人進進出出，但你是唯一一位每天早晨上班向我問好，晚上下班跟我道別的人。許多人都視我為透明看不見的隱形人。

今天，你像往常一樣來上班，簡單地跟我問聲「你好」。但下班後，我卻沒聽到你跟我說「再見」。於是，我決定去工廠裡面看看。

我期待你的「好」和「再見」，因為這話提醒我，我是一個人。沒聽到你的告別，我知道可能發生了一些事。這就是為什麼我在每個角落尋找，而最後找到了你。

聽完這個小故事，我自己也有兩個小故事要分享。

其一，去年三月間，混障綜藝團參加錫口扶輪社授證晚會的演出，當天我和Julie社長交換了LINE，之後便展開了我早安、晚安的問候，奇妙的是，這彷彿成為一座橋梁，讓我們由陌生變成了朋友，除了了解彼此的近況，並互相的鼓勵。今年混障的尾牙，她特別撥冗參加，還提供了十個紅包，讓團員們抽獎。

其二，話說有一位我在高鐵上結識的八十三歲蘇媽媽，下車前，我們交換了LINE，從此，我便開始了每天跟她說早安、道晚安的動作。獨居的蘇媽媽表示，她十分感動，每天都會收到我給她的問候，連她的兒子都沒有這樣的晨昏定省。前年混障綜藝團的尾牙，她將感動化成了行動，所有的餐費都由她贊助。

現在每天的早晨，她醒來的第一件事，就是去看我給的早安，臨睡前，再讓我的晚安陪她進入夢鄉。沒想到一個小小的舉動，卻發酵出許多的溫馨和溫暖。

現代說書人

沒有人像我這本書，是這樣出來的。或許可以申請金氏紀錄了。

以前的人出書是「寫書」，用筆在紙上一個字一個字寫出來的，現在人出書是「打書」，在電腦的鍵盤上，一個字一個字打出來的。而我的這本書，不可能有人像我這樣，是一個字一個字「唸」出來的。

唸出來，是怎麼回事？由於我的手部功能受損，打字不方便，所以透過手機的語音功能，一個字一個字唸出來的，就這樣唸了七萬多字，完成了這本書。之前的五本書就比較辛苦，先是用筆寫在紙上，然後再請人幫我打字，為了配合打字人的時間，通常一篇文章的完成需要一至兩個星期。

有人好奇地問，我是用什麼牌子的手機？我告訴他們，什麼牌子不重要，重要的是自身的口齒是否清楚。所幸，由於是廣播人之故，所以唸出來的語音標準和清晰，準確度約七成到八成，不足的地方，再修改一下，然後加上標點符號，還是比用打的快多了。

唸到這裡，突然心生一計，手機的廠商或許可以跟我聯絡一下，請我當代言人，相信一定可以促進銷路，創造業績。

早年有所謂的「說書人」，因著本書的誕生，我儼然成了現代說書人，這也是此書與眾不同的特色之一。因著這本書，讓眼盲的視障者，或是手部有障礙的人，不需求助於人，燃起了出書的希望。這就是我常說的，「找方法，別找藉口」。

拍戲日誌

開麥拉

終於拍板定案了。

大愛電視台要將我的故事拍成連續劇，最特別的是，劇中的主角由劉銘來飾演，也就是說我演自己。哈哈，我要當男主角了。

並不是任何人，都有機會讓自己的故事受到青睞，被拍成戲劇，至於能夠成為主角，更是可遇不可求。突然之間，覺得之前吃的苦、受的痛，還有之後奮發向上、嘉惠殘友的努力，都變得有意義了。否則，少了這些元素和養分，這部戲就不好看了。

很早以前，我就曾幻想，且打趣地表示，人生至今得過無數獎項，但就少了和戲劇有關的獎項，若能在這一方面得個獎，那我獎項的紀錄就完全集滿了。如同收集某一樣貼紙、玩具、公仔等一樣。如今，我終於有這樣的機會了。

不過，我也別得意太早，說不定演得不好，很快就被換角，我的主角夢，拿什麼獎，就都成了幻影了。其實，這是想好玩的、說好玩的，再說人生本來就該有些夢想。

說實在，演戲對我而言，是一個從未有過的學習和挑戰，我十分地珍惜，特別要感恩大愛電視台的蕭菊貞導演。我和她結緣有十多年了，當初，她為我拍紀錄片，還有籌辦廣青文教基金會「圓缺之間──身心障礙者影展」等。想不到，在人到中年，還讓我有機會跨行演出當男主角，抓住中年的尾巴。(人家是在抓住青春的尾巴，我已在抓中年的尾巴了。哈哈！)

混障綜藝團團員林秀霞表示，要成為正港的台灣人，必須要完成人生的三個拼圖，第一個是橫渡日月潭，第二個是攻頂台灣第一高峰玉山，第三個是騎單車環島之行；林秀霞做到了，這是她引以為傲的成就。

而我，廣播、寫作、演講，至今又多了一個戲劇，我的人生舞台有四個拼圖，也儼然完成了。

剛剛提到演戲對我又是一個挑戰，就是體力的挑戰，這也是劇組較為擔心的，幾乎是每天都要拍，一天約十二個小時，須持續四到五個月，他們怕我體力吃不消，無法負荷。

這些年，混障綜藝團平均二至三天，就有一場演出，有時候還要趕場，經常南來北返，東征西討，最高紀錄一天裡連趕三場。這似乎是冥冥之中的安排，藉此鍛鍊我的體力，為這次演戲做準備。

另外，還有一件事，這齣戲本來一年前就要開拍了，後來一拖再拖，想不到這一延再延，讓這齣戲原本是在中午十二時「長情劇場」播出，現改在晚間八點檔「大愛劇場」映演。（據說「大愛劇場」的收視率頗高的）

上一本書《從殘童到富爸》（經典雜誌出版）其中有一篇文章叫做〈一切都是最好的安排〉。我相信，將我的故事拍成戲劇，然後自己演自己成為男主角，乃至於拍戲時間一延再延，這一切都是因緣，一切都是最好的安排。

好事多磨

看似一切都就緒了，但變數仍然不斷。

開拍前，副導演小風因「身體」關係請辭，負責發通告的小賴，因「人為」因素求去，飾演女主角的演員，也遲遲無法定案。

若是依照之前所說的八月十五日戲劇開拍，那麼現在距離開拍不到十天，連女主角人選都尚未確定，那麼我們該如何地培養默契並有好的互動。演藝圈的生態，該說是劇組的生態，或許這是正常的，沒啥大驚小怪的。然而這和我的做事理念和原則，是有違背的。

以前有個競選廣告，令人印象深刻，強而有力的一句話就是「我準備好了」。不過，我發覺這個劇組還沒準備好，我認為八月中旬，絕對不可能開拍。

最勁爆的是，我還知道了，如果沒有她，就沒有這一齣戲，也就是這齣戲背後的推手，大愛電視台節目部經理蕭菊貞，將於八月底離職。在給菊貞的信中，除了萬分感謝她，願意將我的故事拍成戲劇外，我還「撒嬌」地跟她說，妳走了，以後誰「罩」我？

對於演戲，我是完全陌生的，宛如一個人走入了一個全新的環境，對開拍前許多不確定的因素，我告訴自己，與其說是世事無常，毋寧相信是好事多磨。

不比「殘」而比「不廢」

說到拍戲，除了體力的鏖戰外，還有壓力的承受。印象深刻的是，拍戲前的排戲，那一次是在汐止。

排戲的前一天晚上，不知怎麼了，明顯聽到心臟噗通噗通地跳著，而且是屬於不規則的狀態，而心情是心神不寧，坐立難安，這是以前無論遇到任何事情，都不曾有過的情形，我知道這就是「壓力」。

為了紓解壓力，我讓自己靜下心來深呼吸，反覆地做著，但還是無法消除。於是改為閱讀，就是這麼巧，讓我看到了「困難在哪裡，力量就在哪裡」這句話，壓力才稍稍釋懷。不過，那晚我失眠了。

排戲當天，演員有李淑楨、黃采儀、樊小虎，以及和我一樣是自己演自己的素人演員郭韋齊。那天郭韋齊不知是沒有被劇組通知到，還是她不知要事先背台詞做準備，所以導演的眼光和大部分的時間都在她身上，而讓我可以「逍遙法外」，我稱之郭韋齊幫我擋了子彈。

說到郭韋齊，以前我們會比殘比慘，她雙手雙腳截肢，我的四肢形同虛設，還有嚴重的脊椎側彎。現在我們比的是不廢，她挑戰玉山攻頂成功，還有跑馬拉松，我坐輪椅一樣可以成為廣播人，寫書的作者。

我們還有些共同的記錄，當選全國十大傑出青年，雖然相差了二十年。我們兩人共同挑戰大愛電視台《人生逆轉勝》連續劇，自己演自己。

人生逆轉勝，這似乎就是我們兩個人，不比「殘」而比「不廢」的故事。

她，與眾不同

一個與眾不同的女孩。

拍戲籌備期，第一個出現在我眼前的是錦繡二重唱的黃錦雯，她從歌手轉戰戲劇。我以為她就是飾演女主角，也就是我老婆這個角色的人選了。

於是我們有了初步的互動和認識。之後劇組告訴我，人選未必就是她，中間還有許多的考量，包括她適不適合，還有酬勞、檔期等問題。

某日，承接這部戲劇的青田多媒體公司的老闆胖哥（楊智明）跟我說，他幫我找了一位影星來演女主角，是一位辣妹喔！

我問他是哪位「影星」，他說就是「影星」啊！

我繼續問：「影星總有個名字吧！」

胖哥說：「他的名字就叫尹馨。」

這時候，我才知道有一個藝人的名字叫做同音不同字「影星」的「尹馨」，足見我對於演藝圈的孤陋寡聞。

戲殺青後，有一次，我在廣播節目訪問演員黃采儀，又聽到一件事情。那就是導演跟她說，她可能演我的老婆或老媽，豈料，最後她演了混障團員「劉麗紅」這個角色。

後來知道的更多，原來不論是傅國樑導演或是胖哥，他們都有心目中的「最佳人選」。像陳濂僑的人選就換了四個，最後才由吳鈴山出線。拍戲這件事，最最應驗了「人生唯一不變的，就是變；人生唯一確定的，就是不確定」這句話。

最後，這位女主角是由李淑楨擔綱演出，這一切一切的環環相扣，除了用「緣分」來述說，似乎找不到更好的解釋了。對淑楨的印象，還停留在早年《魯冰花》這部電影裡的小妹妹，其他就一概不知了。

淑楨四歲就開始演戲，戲齡超過三十年，而我，毫無演戲經驗，自稱劉銘元年，一個三十年的演員和一個零年的素人演員要演夫妻，剛開始對我確實有莫大的壓力。還好淑楨很親切，一開始就釋放了熱情，又是喊我「老公」，又是擁抱，我想這可能是演員拉近彼此距離，必修的一門功課吧！

之後，我也付出了努力，我們交換了LINE，每晚一定會寫一封信給她，讓她對我慢慢熟悉，逐漸了解，這樣演起夫妻才不會格格不入，因為觀眾的眼睛是雪亮的。

想不到這樣的書信往返，始終持續著，除了我們各自出國外，幾乎從未間斷過。寫著寫著，認識了解進來了；寫著寫著，志同道合進來了；寫著寫著，友誼進來了。最後竟然打破了一個紀錄，即使戲殺青了，這樣互通有無的關懷和鼓勵，一直持續著，或許因為這樣的緣故，我們從戲裡夫妻變成了戲外的好朋友。

拍戲現場，導演是最大的，一切都要聽其發號施令。記得有一次，淑楨挺身而出、仗義執言，認為我家的主景，劇組的陳設儼然是卡拉ＯＫ，少了我文人的氣息，典雅的氛圍，這樣距離真實相差甚遠。最後劇組從善如流，改變了原先的陳設。這讓我見識了她「女俠」的精神。

淑楨的信仰，是日本的「真光教」。每每吃飯前，她都會為我的食物淨化。所謂「淨化」就是透過「神光」潔淨飲食，讓我們吃下肚的食物，能夠降低毒素，增進健康。

對於真光教，我毫無所悉，或是說對於任何的宗教，我從來不看其教義如何，我只看信奉的這個人言行舉止如何。現在如果我會相信淨化這件事，絕不是因為宗教本身，而是因為淑楨這個人。這就是所謂的「以身示教」。

我不知道其他人，對於淑楨的評價如何？就像她說的，有些人會覺得她難搞，有些人會覺得她怪咖，但這些日子相處下來，我卻看到了她的與眾不同。

戲殺青了，許多人的緣分僅止於這四個多月，然後就散了。但我相信，我和淑楨的友誼，卻是另一個階段的開始。真沒想到，拍這部戲，自己演自己當了男主角，戲裡的女主角還成了我的好朋友，我可能是最有收穫的人。

排戲

這幾天，包含週休二日在內，都在進行拍戲前的排戲。

幾天下來，我覺得我有進步了。不過，還是有極大的努力空間，對一個隔行如隔山的素人演員而言，我想我能做的，就是虛心學習，加油、加油、再加油。

傅國樑導演跟我說，我在練習對白時，還是有廣播人的腔調，他希望我能更生活化的表現。可是我在日常生活中說話，不就是廣播人的腔調嗎？

我不懂，我不是演我自己嗎？

傅導演要我生活化的表現，蕭菊貞導演要我放鬆，演員黃錦雯說無須懷疑，就是相信。每個人似乎都有自己的一套說法，彷彿瞎子摸象一般。演戲是否有標準，如同人生的道理可有標準？這讓我想到在我的廣播節目中，曾訪問元亨寺台北講堂當家會常法師。

我就問過法師，所謂公說公有理，婆說婆有理，每個人都認為自己的觀念是正確的，說出來的話是有道理的，不知道理可有一套正確的標準？本以為法師會回答我，一切都是空，生生滅滅，滅滅生生（後面再加一句阿彌陀佛，哈哈）。豈料，法師說人生的道理是有標準的。

他表示，這個標準在於利他多，還是利己多，若是利他多，這就是正確的。我很同意法師的說法，佩服他的智慧。若是人生的道理，都有標準了，為什麼演戲不能有個標準呢？我想還是有標準，只是每個人所注重的地方不一樣罷了。

我也知道，需要將聲音、表情、肢體等，融入情境之中。然而知道和做到，是兩回事。人生的成績單，何嘗不是如此，不是你知道了多少，而是你做到了多少，知道卻做不到，都是沒有用的。

演戲對我來說，是人生中千載難逢的機會。我告訴自己，成功不是靠夢想，而是靠實踐。我會努力地去演好「自己」這個角色。

我活了兩次

戲劇開拍的第二天，這是我的第一天。

今日在桃園市八德區景仁殘障教養院拍片，當作當年我住了十三年的廣慈博愛院，為了讓劇情更逼真，院方安排了有障礙的院童協助拍攝。

如此的場景，彷彿走入了時光隧道，看見當年徬徨無助的小劉銘。這會讓人好想哭啊！只是反覆地走位，攝影機不斷地變換拍攝的角度，再加上有人NG，很容易就讓這樣的氣氛消散而去。

我好想告訴這些院童，當年我也和他們一樣是院童，不同的是，我力爭上游，衝破障礙，所以才能將院童的角色變成最佳男主角。只是苦無機會和他們分享。

一天下來，我大概地知道了拍戲是怎麼一回事。「未知」既然解除了，相信壓力也會慢慢地跟著下降。

現階段我要處理的，就是我稱之為「時差」問題。今日清晨五點多起床，六點出門，或許因為晚睡早起（我試圖早睡，但睡不著），導演透過鏡頭，一眼就看出我的倦容。如此的倦容，如何能演出年輕時代的我呢？我告訴劇組，希望自己能在三到五天左右，就能調整時差問題。

另一個問題就是，如何透過臉部表情或肢體動作，將內在的情感表達出來。我告訴自己，如果一個隔行如隔山的素人演員，在第一天的拍戲，就能做到「零障礙」的表現，那我不成了演戲神人。

什麼叫做專業？靠著時間的累積，經驗的堆疊，這是無法速成的，成功何嘗不是如此呢？

大部分的人，只能活一次，我卻幸運地能夠活兩次。透過自己演自己的故事的戲劇，讓人生重新檢視，重溫一次。感謝大愛電視台的促成，感謝這部戲背後重要的推手蕭菊貞導演，讓我能比別人多活一次。

大愛台的副理顧文珊，編審阿儲，帶著月餅來探班。中秋在拍片中度過，不一樣的中秋節。

揹戲

拍戲第三天。

重頭戲就是「揹戲」，由飾演我母親的柯素雲揹我。在試揹的過程中，柯素雲發覺無法蹲著揹起我，這樣她站不起來。於是，劇組想到了一個方法，那就是直接將我抱到她的背上。

有一場戲，她揹著我走在公園，突然被趕上班的路人碰撞，接下來，她必須一個踉蹌跌坐在公園的石椅上，然後和我對話。

然而這個驚險動作，始終無法到位，NG好多次，使得柯素雲和我滿身大汗，氣喘吁吁，連在一旁協助的工作人員，也是汗流不止。最後我們只得兩人跌坐在地上，演了這一場戲。卻因此「因禍得福」，讓整個畫面更有Fu。

我看得出也感覺得出來，柯素雲揹我是吃力的、辛苦的，然而她還是努力地完成了。在她身上，我看到了一個演員的敬業。我常說，專業重要，但敬業比專業更重要，「專業只是最低標，敬業才能使我們三級跳」，專業可以透過努力日積月累地達成，而敬業是一種人生的態度。

這一場戲，讓我想到了老媽，她曾經驚險地揹我爬上三樓。在《人生好好》書中一篇〈背上〉的文章，我開頭寫著，「我在母親背上的時候，要比其他小孩更多。」結尾寫著，「彷彿感覺到階梯上所踏過的每一個戰戰競競的腳印，都凝結成個個愛；我的胸口緊緊貼住母親的背上，一股暖流在全身擴張開來。」

這是拍戲以來最累的一天，回到家累癱了，連隔天的劇本，一個字都讀不進去，就趕快睡覺，睡到晚間十一點多才起來，準備明天拍戲的功課。

從生活中鍛鍊

拍戲第五天。

今天是拍戲最長的一天，從上午八時拍到晚上八時，若加上出發和回到家的時間，整整在外十四個小時。即使這麼長的時間，卻沒有像第三天那樣，累到癱了。或許慢慢地，已經有點適應了。

豔陽高照的好天氣，據說溫度有三十多度。今日卻是拍冬天的戲，穿著長袖襯衫，外加厚厚的毛衣，真是熱到最高點，全身汗流浹背。往好處想，總比拍古裝戲，必須戴著頭套穿一層又一層厚重的戲服來得好多了。另外，不容易流汗的我，藉著流汗，就當作是一種排毒吧！

往好處想，這就是我安身立命的生存之道，這就是我常常演講時對大家說的「樂觀心」。

最後一場戲，是我的主秀，也就是接聽廣青文教基金會聽你說專線，有人打無聲的電話來惡作劇，令我發飆。這是整部戲裡，我最兇的一次，結果一次到位，一次OK。

慢慢地，我發覺越來越能掌握拍戲的感覺了。

還要加強的，就是我的「眼神」問題，大愛台的編審阿儲，看了這幾天的毛片後，連梳妝的芙蓉也跟我這麼說，拍戲時，我的眼神會飄來飄去。

殊不知，由於我的行動不便，所以眼睛便扮演著雙腳的功能，無障礙的向前探索延伸，彷彿「探照燈」一樣。我很難跟人四目交接太久，總認為盯著一個人看是不禮貌的，這時候，我的眼神就會立即閃躲跳開。導演似乎洞悉了我的問題。

但為了拍戲，接下來，我會好好練習，尤其是飾演我老婆的李淑楨，我們經常會有深情凝望的戲，我一定要緊緊地盯著她，含情脈脈地望著她，放電、放電、再放電……不要再飄來飄去了。哈哈！

西哲曾說，生活是鍛鍊靈魂的妙方。最近對這句話特別有感，我認為有什麼樣的生活，就會有什麼樣的鍛鍊，藉著拍戲，我只想知道自己的潛能到底有多少？

一百公分的高度

拍戲第六天。

清晨六時出門，回到家已是午夜十一時，整整在外待了十七個小時，又刷新了紀錄。但不知為啥，這卻是我身體和精神狀況最好的一天，腦袋不會重重的，聲音不會濁濁的，也不那麼地口乾舌燥了。這一切的變化，似乎述說著我已逐漸地適應了拍戲。

導演發布了一個訊息，這是大愛電視台的要求，就是日後與我對話的任何演員，不能站著讓我「仰望」，對方必須蹲坐和我相同的高度。這是對肢障人士的尊重與同理，大愛台希望起帶頭的作用，肩負對社會教育的責任。

這讓我想起多年前看過的日劇《美麗人生》，由木村拓哉和常盤貴子主演。劇中常盤貴子飾演坐輪椅者，木村拓哉就經常蹲下來和她說話，並觀看她所看到的視野和風景。這就是所謂「一百公分的高度」。此劇在當時創下極高的收視率，令人印象深刻。

大愛台不知是哪一位同仁，這麼睿智，構思出這般高瞻遠矚、真知灼見的想法。如此的作為，心中感謝與感動的兩個洪鐘不斷地激盪著。

像今日的拍戲，飾演我岳父的鄭平君先生和岳母的慕鈺華小姐，就是蹲著和我對話。

還有一個小確幸。閒聊中，鄭平君猜我的年紀大概只有四十歲；還有他覺得我不像素人，像是已有十年戲齡的演員。嘻！

習慣了

體會了演員說的所謂「跑景」。從第一站的莊敬路、接下來民生東路五段、民權東路三段、漢中街、內湖基湖路，以及最後一站大直的樂群三路。所幸，劇組的人表示，這部戲的拍攝地點，以北部為主，還包括東部，目前最遠到宜蘭、頭城，還好不是到中南部和花東，否則，跑景就更累人了。

他們說跑景很辛苦，我卻因禍得福，因為在車上可以休息，能睡就盡量地睡，睡不著的話，就閉目養神。聽前輩說，利用空檔休息，對一個演員，是有必要的，然而對於一個素人的我而言，更是重要的。

今天從早拍到晚，還挺累的。拍夜戲的時候，老婆帶著女兒來探班，她們沒有想到會拍到這麼晚，大概九點多，她們說早知道就不來了，因為亮亮後天還要段考。沒想到來探班的人，都覺得累。

如果你想要磨一個人，就讓他去拍戲，因為拍戲中，總少不了許多的等待；如果你想累一個人，就叫他去拍戲，像我每每拍完戲回家，最想做的一件事就是睡覺。

對於劇組的人，上自導演下至助理，之前給他們一個綽號，叫做「鋼鐵人」，現在發覺他們根本「不是人」。每天早出晚歸，日復一日，問他們累不累？他們說習慣了。

拍戲的第十八天，我的第八天，不知為啥，總感覺已經拍好久了。一個多星期來，已經知道拍戲是怎麼一回事了，少了一些新鮮和好奇，多了一些了解和熟練。最令我稱道的是，我已越來越能將情緒融入情境之中。像昨天和今天有兩場戲，我就能夠將感情投入，眼眶中湧出淚水。

現在唯一需要加強的，就是體力，目前我還是必須靠意志力轉換為體力。希望很快的，我也能像劇組這些人，輕描淡寫地說，習慣了。

困難越大，榮耀就越大。我是這麼告訴自己的。

從阿福到阿吉

拍戲第九天，阿福出場了。

飾演阿福的也是素人演員，叫做樊小虎，住在台中，從事樂手的工作。或許基於具有音樂的背景，他才能飾演有「音樂怪博士」之稱的混障團員彭康福。

阿福私底下偷偷地告訴我，昨天一夜沒睡，被緊張團團地包圍，還帶著些許興奮。我告訴他，我也是這樣走過來的，如果這一切統稱壓力，那麼這些都是正常的反應，沒什麼大不了的。

傅國樑導演挺有耐性的，這是他對素人所秉持的想法。阿福這一場戲，整整錄了一個上午，錯了再來、不對了再來、有問題了再來。有時候，連阿福自己都亂了方寸，最後，連戲齡只有九天的我，都出來教他了。哈哈。

不知為啥，阿福說，他比較聽得懂我說的，或許素人比較了解素人，知悉他們的問題在哪裡，了解如何用最淺白的話告訴他們。事後阿福表示，還好有我，讓他彷彿吃了一顆定心丸。

值得一提的是，今日拍戲的場地位於內湖瑞光路的泰碩電子公司，是透過台北市西門獅子會前會長洪輝吉先生，跟朋友借到的。

基於責任，洪會長在拍戲現場，陪了我們一整天，直到整個拍戲結束，他才離去。他放下獅子會的登山活動，放下陪妻小假日出遊踏青，或是讓自己好好休息一下。對於他，真的覺得不好意思，該如何表達呢？似乎除了感謝，還是感謝。

從西門獅子會邀請混障綜藝團蒞會演出開始，爾後展開了偏鄉學校生命教育系列宣導，然後帶領並贊助混障「送愛到洛陽」活動，以及今天解決了拍戲場地的問題等，阿吉會長在背後扮演了重要的推手。

對洪會長的「有求必應」，不知該如何回報。我想我會更加努力，為社會做更多的事情，似乎這也是一種回報的方式。我何其有幸，生命中總是會出現一些貴人，阿吉會長就是這樣的一個熱心公益的人。

老天看見了

拍戲第十天，進入二位數字了。

地點在桃園市景仁殘障教養院，作為當年的廣慈博愛院。有一位院生推著輪椅來我們梳化的地方，我問她為什麼沒有上課，來這邊有事嗎？

她表示，她特別翹課過來，是來看我的，希望能跟我照一張相。我問她要不要跟演員照相，或許她不好意思說，我可以幫她去詢問。她說不要。她的回答令我有些受寵若驚，我不過是個素人演員而已。

閒聊中，她告訴我，從五歲就住進這裡，現在二十三歲。她說她喜歡畫畫，還從手機裡秀出她的畫作給我看，說她將來想當一個畫家。

五歲到二十三歲，共十八年，比我在廣慈住的十三年還久。我很想告訴她，一定要趕快學會獨立自主，離開那個地方，否則，永遠都會待在那裡，永遠都當不成畫家，廣慈有很多的院童就是如此的命運。不過，這個問題有點殘酷，我不知該如何啟齒。

那天的現場很熱鬧，大愛台還來了另外一組人馬拍攝。說巧不巧，剛好讓我看到劇組拍攝，九歲那年父親送我到廣慈的那一場戲。坐在輪椅飾演我的那位童星，滿眼淚水，頻頻回頭看望著離去的父親……

不知為啥，我的淚水完全不由自主地潰堤。童星在那一台攝影機前啜泣，我在這一台攝影機前落淚。接下來的受訪，我眼眶布滿淚水，幾乎說不出一句話。慢慢地，慢慢地，心情才逐漸平復。我極少如此地失控。

回到家後，我終於知道下午那場戲的那一幕，為什麼會讓我淚崩。原來我是在疼惜不捨那個小小劉銘，也就是孩童時的自己，從小就離開父母，離鄉背井，是那麼地無依無助。如今小小劉銘已變成勇敢堅強有能力的大大劉銘，所以好想給那個小小劉銘「惜惜」，所以才會淚流不止。

老天應該是看到當年在廣慈這一幕，看到我這一路走來所受的苦，於是為我架橋開路，讓我突破許多的障礙和困難，最後幫助了自己，還幫助了別人。因此，才有了這部戲。

我看見了，老天也看見了。

破月

拍戲「破月」的日子。

對於職業演員來說，可能已經無感了，但對於素人演員的我，卻是第一次。本來可以恭逢其盛的，但今天的通告臨時被取消了。通告被取消，據說這是拍戲再正常也不過的事情。但對於通常會將日子有所規畫的我來說，這是一種調適和學習。這種心情，如同整軍待發的士兵，刀出鞘、箭上弦，準備開戰。然而此時，卻接獲長官的命令，暫停作戰。

拍戲這件事，最能體會和印證一句話，「世界上唯一不變的，就是變；唯一確定的，就是不確定。」這不就像是人生的無常嗎？

但我告訴自己，凡走過必留下痕跡，凡讀過（劇本）必留下記憶。呵呵。

在破月的今天，似乎該留下一些註記。對一個素人演員來說，「如果我總是盡最大的努力，相信最糟的事情就不會發生。」這就是我的信念，做其他任何的事情，也是秉持如此的警醒和期許。

不過，這一個月，我怎麼感覺過了好久啊！哈哈！拍戲是一種累，更累的是等戲。難怪飾演我弟弟劉鈞的吳皓昇，說了一句很經典的話：「拍十年，等八年。」

人生的路上，一半是回憶，一半是繼續，在繼續向前時，這一個月已寫下了我們共同的回憶。

特種維他命

拍戲期間，每天出門前，都會吞下一顆「特種維他命」，這顆藥丸，具有三大功效。

第一、紓解壓力：

壓力彷彿一個隱形人，我根本不喜歡與他為伍，然後他卻常常不請自來，令人防不勝防。或許由於自己是隔行如隔山的素人，拍戲是怎麼回事不了解，以及這是個全新經驗的學習等等，才會衍生這些壓力。

適度的壓力，沒什麼不好，代表你重視這件事情。但我也告訴自己，幾天之後，我就會將大門深鎖，讓這個隱形人根本無法進入。

第二、增強體力：

從早到晚，長時間的拍攝，要持續四個多月，這確實是一項體力的挑戰。一般好手好腳的演員，都有這樣的體認了，更何況是一位坐在輪椅上的重度障礙者。我期許自己能夠無病無痛地度過這四個月，如果真的做到了，代表這顆藥丸真的是非常有效。

第三、提升專注力：

拍戲的現場會有許多的干擾，包括機器不斷地變換角度，相同的台詞和走位，要一而再、再而三地反覆好多次。但演員的動作和情緒，是否能夠從一而終，這需要的就是專注力了。

飾演我老婆的李淑楨，她不但要和我演對手戲，還教我演戲，和演戲之外的一些叮嚀和提醒，其中就包括了體力和專注力。淑楨是一位資深演員，從小時候當童星演到現在。很多人在介紹她時，只要說到她的代表作電影《魯冰花》裡面的小姊姊，大家就知道她是誰了。

現在的她，已是成熟美麗的大姊姊了，我很高興能跟她演戲，從她那邊得到很多的學習，她也從來不會吝惜地不告訴我。我和淑楨期勉，希望這部戲能夠成為她人生這個階段的代表作，以後不需提《魯冰花》，只要提到這部戲，大家就會頻頻點頭說我知道了。當然這也要和劇組裡的每一位夥伴共勉。

明天淑楨要演「揹我」的戲，一個弱小女子，如何揹起重重的我，到底結果如何？讓我們繼續看下去……

許多人問我，是真的還是假的，怎麼會有這麼神奇的藥丸，到哪裡可以買的到。我不藏私地告訴他們，這種藥丸的名字叫做「意念」。

甜蜜大「揹」劇

一延再延，終於拍了這場重頭戲。

之前有一場飾演我母親的柯素雲，在揹我時，十分地吃力，忒是辛苦，揹到最後，我們兩個人都汗流浹背，躁熱難當。

我知道接下來還有一場揹戲，就是由飾演我老婆的李淑楨揹我，我們還必須在行進間談情說愛。

李淑楨的個子比柯素雲小，體重也比較輕。我在想，她是否更揹不起來，這不免讓我擔憂起來。

但一個敬業的演員就是與眾不同。首先，淑楨特別來家裡試揹，請教老婆揹我的一些方法和訣竅，而她自己則加強了「核心肌群」的練習，那是一種胸部以下、膝蓋以上的運動。

這一場戲，拍了近四個小時才結束，是目前最耗時的一場戲。揹到後來，淑楨腰痠背痛，我則是四肢快要解體了。我知道最後淑楨是用意志力完成的。還好淑楨預先有所準備，所以我在她的背上，感覺是安心的、安全的。而這樣的準備，也可以減少她受傷的風險；雖然還是造成了她的腰痠背痛，讓我有些過意不去。

這讓我想到，生命一路走來，我被難以計數的人揹過。父親揹我送我到廣慈博愛院，母親揹我上下家裡三樓的階梯，還有老婆、弟弟、妹妹、同學、朋友等人。在我身上承受了許多人的愛，有愛情、親情、友情等，這叫我怎麼能不努力呢？

原來要完成一部戲，箇中的辛苦，是外人難以體會和了解的。所幸劇組的工作團隊，在上背與下背，彷彿飛機起落之間，發揮了最大的協助。

說來老天作美，吹起涼涼的風，在如此的氣候中拍戲，是舒適沁心的。期待這一部盡心盡力，溫馨激勵的戲，順利呈現在觀眾眼前，因為這是老天祝福的一部戲。

天使在劇組

拍戲前，最擔心的就是穿換戲服一事，我知道劇組不可能找一個專人來照顧我解決這方面的問題，我也不好意思做如此的要求。那麼我是否要請老婆隨侍在側，或是安排一個志工來幫忙。

老婆還有一個疾病纏身、必須一個星期洗三次腎的岳母和女兒需要照顧，至於志工，偶一為之還可以，長時間的貼身協助那是不可能的，這讓我好生困擾。

老天似乎看到我的需求，冥冥中派了一位天使出現，那就是這一次的服裝管理，居然是一位二十六歲的大男生，瘦瘦高高，但很有力氣。他第一次從事這方面的工作，名字叫做許弘逸。

記得小逸第一次幫我換衣服時，他緊張得滿頭大汗，深怕將我的手腳弄痛了或是骨折之類的，這可擔待不起。那次整整花了半個多小時才完成。尤其他看到我佝僂扭曲的身軀時，震撼夾雜著感動，在他的腦海中盤旋不已。他表示，如果像劉銘老師這樣的身體，都還這麼努力，我們好手好腳的，還有什麼資格不努力呢！沒想到這部戲尚未上檔，仍在開拍，這樣的故事就已經開始「度人」了。

這四個多月來，差不多是朝夕相處在一起，每當小逸在工作上出了問題，犯了錯誤，這時候，他的情緒就會跌落谷底，十分沮喪。但說也奇怪，每當我給他鼓勵加油時，他居然完全能把我的話聽進去，心情也從谷底走了出來。

如果他不說，很難想像他曾經是個叛逆的孩子。國小時，和家人玩麻將，輸了錢就翻桌，整整有兩年多的時間，沒有人要和他一起玩。他還在學校的聯絡簿上，寫著「他沒有媽媽」，使得學校的老師約談他的母親，讓母親難過得痛哭流涕。

還有一次，他被朋友騙了三十萬元，不知該如何自處，甚至惱羞成怒，於是站在窗前，在父親面前揚言要跳樓自殺，了斷生命。

然而經過了這幾次的「震撼教育」，讓他徹底地反省與覺悟，整個人就像脫胎換骨似的，從逆子變成了孝子。每每聽他和父母親講電話時，那種殷切和渴慕，彷彿瞥見孩提時，最純然的初心與愛。以前他不愛回家，現在最喜歡回家。

混障綜藝團尾牙感恩餐會時，我特別邀請小逸來參加，摸彩時我抽到一個紅包，有人要我捐出來，我立刻有個想法。我說，我要將這個紅包，送給拍戲這四個月來，照顧我的小天使，略表感謝。

於是，我就說出了這個熱心又有愛心的小逸的故事。我說他不只協助我脫換衣服，還曾經到我家為我染髮和洗澡……

想不到，有些貴賓聽了這個故事，十分動容，國泰慈善基金會董事長錢復先生的夫人田阿姨、世界和平會吳錫銘主席、國泰金控阿里協理，各加碼一千元。當晚小逸成了拿到最大紅包的人。

最後，要謝謝統籌鴻哥、執行洪豬、攝影師孟學、攝影大助明翰、道具小熊、阿俊、場務川哥、吳哥、勘景小胖等人，他們雖然沒有幫我換衣服，但經常抱上抱下，還有抬輪椅，連嬌小玲瓏的女生場記博雅也幫我抬過輪椅。感恩你們。

我是路人甲

拍這部戲，讓我有機會接觸了不少臨時演員，由於觀察力和好奇心使然，常使我會利用等待的空檔，「明查暗訪」地和他們閒話家常。

演員這個行業是辛苦的，臨時演員要比一般演員更辛苦，除了長時間的等待，收入也少得可憐，比在便利商店的打工還不如。

我就探詢一位年輕的臨時演員，為什麼不去找一份正常的工作，這樣收入比較穩定。他告訴我說，因為他對這份工作有興趣。

有夢最美，我知道許多人都懷抱著一份「明星夢」，然而有多少人，因著興趣能夠成為明星的，那絕對是少數中的少數。

我就發覺，有不少的臨時演員，演得比我這個素人演員都不如了，怎麼可能輪到他來做明星夢。因此，不是他們多了一份興趣，而是他們少了一份「自知之明」。

倒是有一位叫做「阿中」的臨時演員，他每次出入都是開著一部賓士轎車，只是不知道是他自己的，還是借來的。嘻！

有一次，我打趣地跟他說，我不要當男主角了，我要像他一樣當臨時演員。他不解地問為什麼？我說：「當臨時演員都可以當到開賓士，可是我當男主角卻只能坐復康巴士，差太多了，所以我想當臨時演員。」他笑而不答。

如果他的車子不是借來的，而是自己的，那麼他當臨時演員，那才真的是「興趣」。

之前，就有一個說法，如果招牌掉下來，砸到十個人，其中有九個是導演，可見導演之多。現在我才發現，臨演比導演更多。

其實，光有興趣是不夠的，任何有意義或是有價值的事情，還必須有著熱情和犧牲，才能實現。一個有信念者開發出來的力量，大於九十九個有興趣者。

找到自己所擅長的，或是培養自己在某一方面的能力，所謂行行出狀元，這才是重要的。而不需要一窩蜂地跟著別人走，這也是台灣社會特有的現象。

像這部戲，就提到了早年身障者有四大行業：算命、按摩、刻印章、修鐘錶，幾乎大部分人都擺脫不了如此的宿命。所幸我並沒有一窩蜂地跟著走，否則就無法成為台灣第一位榮獲廣播金鐘獎的身障主持人了。

給劇組的一封信

親愛的劇組夥伴們：

二〇一五年的最後一天，我們有幸一起度過，一起倒數，如果這不是緣分，什麼才叫做緣分。

此時此刻，正當大家進入跨年計時，迎接新的一年之際，我卻想寫一封信給劇組的你們，主題訂為「十分感謝與共同勉勵」。

拍戲，是我今年的大事，差不多三分之一的時間都在做這件事，若說是今生的大事也不為過。試想，有多少人像我這麼幸運，能夠將自己的故事拍成戲劇，並且自己演主角，為自己留下一個影像代表作。

拍戲之前我還擔心，在拍戲期間，是否要找老婆或安排一位志工，協助我行動方面的不便。後來發覺我是多慮的。謝謝大家給我的協助，抱上抱下，噓寒問暖，將我照顧得很好。這份情誼和關懷，「銘」記在心，永難忘懷。

相處的這些日子，發覺劇組有「三多一混」，不知道其他的劇組是不是這樣？三多就是抽香煙、吃檳榔、罵髒話，一混就是打混。

我當然無權干涉大家抽香煙、吃檳榔，只是想到大家早出晚歸，這麼長時間的工作，辛苦賺的錢卻花在這些對身體有害的嗜好上，未免可惜。抽煙與品性無關，但如果無法尊重不吸二手煙的人的權益，那就與品性有關。

大家都知曉，在我的故事中，原本醫生判定我只能夠活到三十歲，如今我已超過了五十歲，就是因為好好愛惜自己的身體。所謂沒有失去，就從來不知擁有的可貴。

至於罵髒話，那是一種修心，唯有減少罵髒話，才能減少造口業。

再說一混，還好這是劇組裡的少數人，大部分人還是兢兢業業。舉例來說，有些人就是抱著投機取巧的心態，導演沒說，他就是賺到了，導演一罵，他再來處理。

我始終認為，態度十分重要，專業只是最低標，敬業才能使我們三級跳。敬業就是一種態度的表現。像我在台北看守所擔任廣播志工，八年多來，我是唯一沒有請過假的主持人。這就是敬業，這就是態度。

既然大家有緣在一起一段時日，如果我只報喜不報憂，說好不說壞，那就不是朋友了，好的朋友就是會彼此提出一些「忠告」，這樣才能有所成長，向上提升。

距離殺青，還剩下最後一里路，越是這個時候，就像馬拉松最後的衝刺一樣，越是不能鬆懈或掉以輕心，反而更應該小心為是，步步為營。和大家共勉之。

再過幾個小時，將送走二〇一五年，迎接新的一年來臨。再次表達我的感謝，這些日子辛苦大家了。

祝新年快樂，我們明年見。

劉銘

寫於二〇一五年的最後一天

走過這一百一十八天

殺青了。

從此以後，我不需要每天化妝，穿脫好幾套衣服，比上學的女兒還要早出晚歸，因為這部戲殺青了。尤其是化妝，這段時日，要比我一輩子加總起來還要多。

從二〇一五年九月二十六日開拍，到二〇一六年一月二十一日劃上句點，共經歷一百一十八天（若加上入組的籌備期，近六個月）。這一百一十八天，儘管不是天天，卻是常常，每每在外拍戲都超過十二個小時以上，最高紀錄是十七個小時。

早出晚歸，長時間的在外工作，這就是演員。一般好手好腳、四肢健全的演員，都覺得疲累不堪，更何況我還是一個坐輪椅的重度障礙者。我告訴自己，合理的是訓練，不合理的是磨鍊，於是開始了一百一十八天的鏖戰。

除了體力外，還有如何面對和學習這個對我完全是陌生的拍戲，如何盡快地了解拍戲是怎麼回事，而能跟著劇組的節奏與進度前進。

從製作人、導演到統籌等人，他們都很體恤我，常對我說，如果累了或撐不住了要說，他們會有所調整。然而自始至終我從未開過這個口。只有一次，我的喉嚨痛，請求劇組將當天的場次做些調整，也就是讓我先拍，然後回家休息。

這段期間，劇組連續經歷了四波感冒，製作人、導演、副導等，都中獎了。連來探班的公司老闆胖哥都被傳染，據說兩個星期之後才康復，而我是少數人當中，唯一倖免於難的人。

其實，早在拍戲前，我就前往新店慈濟醫院做了健康檢查，以心臟和腸胃為主。因為這部戲是我演自己的故事，也是戲中的男主角，我一定要將身體維持在最佳狀況，做好萬全準備，以面對如此的萬里長征之路，這樣才不會影響這部戲的拍攝進度。

屢屢有人美言，祝我能夠得到電視金鐘獎或新人獎之類，然而我覺得這些都是其次，能夠無病無痛、順利平安演完這部戲，就是老天給我最大的獎賞。如今我做到了，也拿到了這個獎賞。

感謝大愛電視台，尤其背後重要的推手蕭菊貞導演，將我的故事搬上螢幕，尤其自己演自己更是深刻，讓我對自己一路走過來的生命做了一次檢視，多少人能夠像我這麼地幸運，以戲劇的方式為生命做一次巡禮。

最近突然有一種想法，以前受的苦似乎沒有白受，讓我漸漸地體會到，已經痊癒的痛苦，就是智慧。

我們很難給生命增加時間，但可以給時間增加生命力。這就是我努力在做的事情，今後我也會繼續這麼地做下去。

最後，感謝這一百一十八天陪著我一起圓夢，並肩打拚的工作人員和演員們。在人生的歷程中，我會記得曾經和一群人，在某年某月，共同完成的一件事，是緣分，且締造了許多難忘的美好回憶。

當殺青日遇見生日

這需要幾萬分之一的機率，才能締造如此的巧合，說巧合似乎已不足以形容，該說是老天冥冥之中奇妙的安排吧！居然殺青之日和我的生日，發生在同一天，這是最特別的生日禮物了。

那一天上午，在台北看守所拍混障的戲，雨下得很大，心想，若雨這樣繼續下不停，下午我那場外景的殺青戲就無法拍了，那麼不知道要等到什麼時候才能殺青。

混障的戲拍完了，演員黃采儀、胡利、吳鈴山，團員王蜀蕎、楊采蓉、郭韋齊等人殺青了。由於是監獄重地，他們無法大聲歡呼、手舞足蹈地慶祝殺青時刻，只能拿著手機刻意降低聲音默默地拍照，相信大家心裡一定很悶。

下午回到板橋主景，只有庹宗華、柯素雲和我三個人。深信老天既然將殺青日和我的生日的密碼調在同一天，雨神自然不得不買帳；雨果然停了。

我還記得最後一個鏡頭，我在復康巴士的升降梯上，然後「回頭一望」，接著傅國樑導演喊出了「卡」的一聲，聲音迴盪在天際，他在脖子間劃出了「殺青」的手勢。

我當時感動地想哭，走筆至此，終於讓我哭出來了。想起拍戲的這四個多月，儼然是體力的鏖戰，尤其是最後一個月，如同跑馬拉松的最後一里路，身體出現了「撞牆」現象，每每回到家，只有餘力做三件事：洗澡、讀劇本、睡覺，連寫了三十多年的日記，也無力寫下去，不得不暫時中斷。

我終於跑完了全程，寫下了台灣第一位演男主角的輪椅演員。尤其之後看見媒體報導演員孟庭麗不幸的消息，我更是感謝老天，讓我一個殘弱的身體，能夠全身而退，寫下歷史。這就是老天給我最大的獎賞，勝過任何實質的獎項。

戲外戲

殺青前一天的最後一場戲，是我和老爸（庹宗華）的對手戲，演來真情流露、淋漓盡致。已經到了整部戲的最後，哭戲對我來說自然已不是難事，而且這是我第一次覺得有一種演起來很過癮的感覺。

想不到這一場戲，不僅在我心中留下烙印，在燈光師之一陳駿銘的臉上也留下淚痕。

殺青酒的那一天，駿銘跑到我身旁，跟我道出了那一場戲深深地觸動了他。他表示，他一直想跟我說，礙於個性內向，再加上找不到適合的時間和機會，剛好今天同桌，他算是鼓起勇氣吧！

那天，那場我和老爸的戲，他想不到第一次演戲的素人，竟然會表現得那麼自然又那麼地深入，當我眼淚湧出的剎那，他的眼淚也不由自主地布滿臉頰。他想到了他的父親。

十二年前，他負氣離家，不告而別，在外漂泊。二年後，他升上燈光師，朋友說這算是小有成就，可以回去看看爸爸，化解心結。於是他許下一個心願，只要在拍大愛戲劇時，能夠遇見證嚴法師，他就立刻回到屏東老家看父親。說也奇怪，直到第四年，他才碰到了證嚴法師。

回到家已是凌晨兩點多，沒想到父親坐在客廳等他，在昏黃燈光映照下，他發覺六年前他離家時父親的滿頭黑髮，竟然全白了，一陣心酸湧上心頭。走進家門，他立刻在父親面前跪了下來，然後磕頭說，爸，我錯了……

頓時，殺青酒的杯觥交錯、熱鬧喧譁，全被我封閉於腦海之外。現在換我聽完他的故事，淚流滿面。

為演員發聲

拍了這一部戲後才知道，原來要拍出一部所謂的「好戲」，要牽涉涵蓋的元素太多太廣了。

首先，要有一個好的劇本，內容夠不夠推陳出新，故事能不能發人深省。接著就輪到導演上場了，導演的功力夠不夠，關乎這部戲的重要成敗，這包括了他的人文素養、美學造詣，以及如何來詮釋劇本的內涵等。

再來就是演員的輪番上陣，這就有得說了，因為我就是其中一員。演員在當時的精神和體力狀況，也會影響整部戲的品質。

最後，就是身為後援部隊的劇組，包括攝影、場務、道具、梳妝等組，是否能做最好的配合，而不是心存打混，被罵了再來改善。另外，還包括拍戲前的前置作業，像演員的挑選、劇組的成型、讀本排戲等；殺青的後製作業，像剪輯、配樂、宣傳等。總之，一部好戲的呈現，需要環環相扣，天時、地利、人和的搭配。

為了拍這部戲，我也做了一些功課，我讀到在國外的演員，是備受禮遇和保護的，尤其是主要演員，通常前一兩場和最後一兩場，是不會安排他們的戲，這樣他們才有好的睡眠、好的休息來演出。

但在台灣就不是這樣，劇組會竭盡所能的，將這些演員的精神和體力榨乾榨盡，所以才會有所謂的「紅不讓」，也就是從早到晚的每一場戲，都有這個演員。試想，一個「有體無魂」的人，能演出什麼樣有水準的內容，就令人打上一個大大問號。

還有一個令人不解的是，劇組為什麼七早八早就發演員的通告，梳妝後，演員就發呆地在那邊等、等、等，難怪吳皓昇會說出那句經典名言：「演十年，等八年。」

殊不知，演員就是這部戲的資產，應該得好好保護，否則，病了、傷了、或是不見了、消失了，製作公司不是損失更大嗎？這就是因小失大，只看眼前，不顧長遠。

因此，劇組發通告也是一門學問，如何發得恰到好處，宛如發出一張「善解」的通知單，而不是便宜行事，讓演員像醫院候診的人一樣在那裡排排坐。

我知道大愛台的戲劇，已經是夠人性化了，即使是這樣，我都有微詞了，更遑論那些商業電視台的戲劇，根本就是「人為刀俎，我為魚肉」的寫照。否則，就不會有孟庭麗不幸的事件了。

之所以會如此，許多人都歸咎於成本的考量，據說大陸的製作費，差不多是台灣的五倍，日本的製作費是台灣的十倍，所以人家拍出來的東西當然好。我不免要問，難道作品的好壞是取決於金錢的多寡？

大家應該反躬自省的是，台灣拍戲的環境，為什麼會越來越糟，越來越讓人詬病，為什麼別人會把錢投資在國外其他的國家，而不願意投資在台灣？這還不都是這些人自己造成的，削價競爭，惡性循環，抱著殺雞取卵、急功好利的心態，難怪大家會自食惡果。只聽到許多業界的人在抱怨，只知道許多人在沉淪，卻未見有人站出來改善。

我曾經問過演員，為什麼沒有人對此提出嗆聲或抗議。他們表示，除非你不想再演戲，打算成為拒絕往來戶，要不然大家還是得逆來順受，委屈往肚子裡吞。我的職業不是演員，所以我毫無顧忌，但我當過演員，我願意站出來，將我的所見所聞，為他們說說公道話。

我穿鐵鞋的那段日子

因著這部戲，和榮獲電視金鐘獎最佳女配角黃采儀結緣，戲中她飾演混障團員劉麗紅，穿著鐵鞋拿著拐杖。每每看她脫下鐵鞋健步如飛時，反而有些不習慣（哈哈）。為了增加這本書更豐富的內容，特別央請她寫一篇文章放在書裡，分享她和枴杖鐵鞋這四個多月的點點滴滴。於是，她感觸良多、洋洋灑灑寫下了這篇文章：

每回接演大愛電視台的戲，對我來說是一段段結善緣的過程。因為演的是真實人物，在進角色之前，總覺得自己有責任把真實人物的內在精神傳達出來。所以透過各種方法深入認識自己演的真實人物，是我的第一步功課。不過，演戲將近二十年，演過各式各樣挑戰性極高的角色，卻怎樣也想不到，這次的「善緣之旅」是如此艱辛而甘美。

這次接演的角色，是混障綜藝團的元老團員劉麗紅，她是故事男主角劉銘大哥的親密戰友。在劉銘大哥輝煌而坎坷的生命歷程中，麗紅姐（肢障）、阿福哥（視障）和濂僑哥（聽障）是劉銘大哥禍福與共的好夥伴。身障者有很多無法為外人道的甘苦，也只有同為身障者才能體會箇中冷暖。在故事中，麗紅姐就是這樣一個細心體察劉銘大哥心中憂苦，適時給予支持和建議，一路走來相互扶持陪伴的「解語花」。

麗紅姐十分地多才多藝，重度小兒麻痺，撐著雙枴、穿厚重鐵鞋的她，橫跨廣播、歌唱、文字、演講、舞蹈等領域，是個在空中用甜美聲音傳播希望與愛給廣大人群的使者。她是第四十三屆全國十大傑出青年，全國熱愛生命獎及社會光明面新聞報導獎得主，展翅音樂公司負責人，二十八年資深優良廣播主持人，佳音電台導播及節目製作、主持人，各級學校生命教育、親子教育及兩性教育課程講師，出版了九張音樂專輯及十二本書。歷年來獲獎及入圍的有「八金」，包括了：金手獎、金鐘獎、金曲獎、金音獎、金鷹獎、金穀獎、金輪獎和金獅獎等。在混障的舞台上，麗紅姐撐雙枴唱過各式動人的歌曲，跳過中東肚皮舞，並且坐輪椅虎虎生風地揮大旗跳大旗舞，讓台下的觀眾為她黃鶯出谷般的歌聲、動感美妙的舞蹈如癡如醉……

說到這裡，相信大家可以感受到我的「壓力」了吧，我必須「深入」麗紅姐的世界，一方面要外在模擬重度小兒麻痺患者的樣態；另一方面要內在去找到像麗紅姐這樣的身障藝術家是如何克服因身體缺陷產生的心理障礙。沒有走過那段幽暗的低潮時期（這對麗紅姐來說可是二十多年的「衣櫃」歲月），就無法有現在亮眼的經歷，也無法在混障的舞台上展現如此自信而迷人的神采，讓觀眾深深感動。

我的第二步功課，就是開始和枴杖、鐵鞋做好朋友。說到這裡，就不得不提到劇組的用心，在戲中我必須長期穿著鐵鞋輔具，一雙量身訂做的鐵鞋對我來說絕頂重要，美術道具組的夥伴因此特地帶我到榮總的身障重建中心去找適合的鐵鞋。在那裡我遇到這次「善緣之旅」的頭兩位貴人：段奇光師傅和洪友誠醫師，他們親切、友善的態度讓我對這雙冰冷的鐵腳架恐懼稍減，尤其是段師傅以他自己同為小兒麻痺患者的同理心，不厭其煩地耐心調整鐵架的角度，只為了我在拍片長期穿鐵鞋時，雙腳不會因為鐵架頂住而不舒服。看著段師傅拖行著腳在工具間走來走去，找鐵鎚細心地把過窄的鐵架敲開，熟練地換掉老舊的皮帶釘上新的皮帶，他認真而替人著想的心意透過了繁瑣的動作貫注到鐵鞋中，以致於後來的幾個月每回穿上鐵鞋，就感受到段師傅的愛心而力量倍增……段師傅在拍片過程中也不時地傳訊息來關心，告訴我鐵鞋若有任何問題隨時都可以回去找他，謝謝可愛的段師傅，謝謝有您量身定做的鐵鞋陪我走完這段旅程。

拿到鐵鞋跟枴杖之後先開始進行基礎訓練，從在家練習開始。穿上襪子、套上鐵鞋，用皮帶綁緊腳和肢架（一隻腳要固定兩條皮帶），綁好鞋帶，再用枴杖撐起身體，光只是這樣練習就已經滿頭大汗，更別說用枴杖撐住並要移動比平常重兩倍的腳走路了，在家練習走路時，有時候沒抓好平衡或枴杖及鐵腳打架卡住摔倒，根本就無法徒手起身，只能扶住東西慢慢站起來……此時心中深深感受到麗紅姐常年來的辛苦，還有她淡然說道「跌倒是家常便飯」時，那種全然接受自己身體不方便的豁達……要有多麼強大的意志力和韌性，才能把跌倒跟身上大大小小的不同瘀青當作「家常便飯」？越是親身體驗身障者的先天不便，就越加佩服這群「把吃苦當作吃補」的身障藝術家！

當自己的身體越來越能掌控枴杖和鐵鞋的關係之後，我參照劉銘大哥建議另一個素人演員小虎的作功課的方法，「以身障者的姿態，走出家門」，加上劇本中為了如實地呈現身障者在生活中的不便，寫了不少麗紅姐上下樓梯的場次。因此，我選擇離家平常走路不超過十分鐘路程的天橋來做練習。撐雙枴穿鐵鞋走出家門，那又是另一番費勁的功夫啦，除了原本的體力問題外，路面的高低落差也變成了磨人的影響（這時就深刻領會無障礙空間，是件多麼重要的事）；還有過馬路突然也變得可怕，因為自己的移動速度變慢，原本十分鐘不到的路程結果花了二十來分鐘才氣喘吁吁地來到天橋下。

站在天橋下，看著近三十階密密麻麻的階梯，忍不住倒抽一口氣，因為第一步要如何跨上去我完全不知道，試了兩、三次上不去，就有熱心的路人伯伯過來勸我直接過馬路比較快（台灣就是好人多，哈哈），好不容易習慣了狹窄的樓梯寬度以及學會拐杖的施力方法一階一階走上去，我已全身汗流浹背且無力（真是想像不到麗紅姐如何這樣用枴杖還健步如飛啊），藉由走平路調整呼吸到天橋另一頭開始練習下樓，才發現下樓比上樓還要困難，加上體力已透支，差點因為重心不穩而跌倒。說時遲那時快，剛剛那位路人伯伯馬上衝過來一把扶住我，這時才發現原來他一直看著我做練習，不過，因為他的好心，反而讓我不好意思「恢復正常」，只能道謝後硬著頭皮繼續走完下樓的階梯，撐著快廢掉的身子，忍住雙腋硬撐的痛，在伯伯的目送下一步一步龜速回家，結束這將近一小時的走路初體驗。（劉銘大哥說：當外面的人真的把你當作身障者時，你就成功了一半。所以我算成功了吧？大哥。哈哈！）

第三步功課對我來說最重要也最難，那就是詮釋「走出幽暗歲月的麗紅姐」，在經歷了真實而辛苦的肉身體驗後，我能夠清楚地感受到身障者在很多時候的無力及無奈。除了上天對自己的不公平外，周遭的異樣眼光（無論是好意還是惡意）也造成莫大壓力，所以我們常見到的身障者世界，大都是灰暗、邊緣而弱勢的。但是在混障綜藝團的世界裡；在劉銘大哥與麗紅姐的故事中，我看到的是光明、樂觀以及好多的歡笑。尤其在劇本中，常常有他們拿自己缺陷開玩笑的台詞。哇！這對我而言是好厲害的心境啊！因為我是用尊重的心情來看待這群身障藝術家的，這些劇情中互虧的台詞，我一開始其實難以啟齒，完全不知道該用怎樣的心境來說這些台詞。

幸好，這些疑惑和不解，在遇到劉銘大哥和混障綜藝團的夥伴後，慢慢一點一滴獲得了解答。第一次遇到混障夥伴，是跟著劇組去看他們排練大旗舞，當時的第一印象就是：這些人好歡樂啊，大家在排練前說說笑笑交流近況，輕鬆的歡笑聲處處揚起，而且在彼此介紹過後，他們好自然地就敞開心胸把我納入成了混障的一分子，跟著他們笑著看濂僑大哥耍寶，有很多話不必多說自然就可以感受到：他們像家人那般地相處，而且是感情很融洽的家人。對於可以聚在一起表演這件事，大家其實是很珍惜和充滿感激的。更棒的是，這群如家人般的夥伴都非常地幽默，這特質在劉銘大哥身上尤其明顯，也因此在拍片過程中，無論是戲裡或戲外，劉銘大哥都是開心果，毫不吝嗇地把歡笑帶給每個人。他讓我們清楚看到了：人活得開不開心其實是自己的選擇；你是要大哭或大笑過生活其實是自己決定的。而大哥的選擇是：樂觀過每一天，樂觀加幽默的特質渲染到每個團員，大家只要碰在一起就是很開心，輕鬆愉快地拿自己缺陷開玩笑，其實是這群身障藝術家獨樹一格的幽默展現。

在故事中的麗紅姐，雖然被交代的故事篇幅沒有劉銘大哥多，但是在導演、編劇及造型師的巧心安排下，是個極具存在感的角色。導演要我詮釋麗紅姐的重點是：爽朗的大笑及細膩體察的心。髮妝阿姨則為了麗紅姐的最大特色，「無論何時都要光鮮亮麗」，而精心設計了當時最摩登的髮型，找了多樣的髮飾和耳環、項鍊，來搭配這角色的性格。服裝師則是和我一起找來各式鮮豔的四季衣服，讓戲中的麗紅姐只要一出現，就一定被看見和聽見。對我來說，這些外在的包裝無形之中幫這角色說了好多，爽朗的笑容與亮麗的外表除了是自信的展現，以及對自己專業的要求外，更是麗紅姐對那二十多年灰暗歲月的彌補，她用明亮的色彩綴出自己亮麗的人生；用爽朗笑容活出激勵人心的力量。所以每當我換上衣服化好妝，穿上我的鐵鞋時，我就感覺到麗紅姐的精神充斥在自己的身體裡，尤其是在舞台上唱歌的時候，那強大的精神力透過我及歌聲傳到觀眾席，在那一刻我瞬間懂了，為何混障的舞台那麼讓觀眾感動，讓這群藝術家如此奮力；因為表演者和觀眾之間所形成的巨大交流及感動是只在混障這舞台獨有的，這股力量甚至強大到支撐著戲外空檔的我，每當我體力透支快到極限，或是跌倒、滑跤，或是極度疲累、腳痛到想發脾氣的時候，溫柔的麗紅姐就會在心中出現引領著我，她這樣一路走來已超過四十多年，我這一丁點的苦與痛又算得了什麼？

在殺青的那一天，當我打開鐵架上的皮帶，鬆開鞋帶並脫下鐵鞋時，我收到麗紅姐傳來的訊息，上面是我跟她兩人登台表演時的不同照片，兩人頭上帶著紗花，帶著笑容，感覺竟如此相像，訊息上說：「謝謝妳！辛苦了！」剎那間，百感交集啊！戲殺青了，我可以順理成章地脫下鐵鞋，回到自己的人生，但是麗紅姐仍然要穿著撐著這些她口中所說的「帶她在空中飛翔的翅膀」走完未盡的人生。謝謝這段特別的魔幻旅程，謝謝這段旅程中一起相互支持的劇組朋友、演員夥伴們，在與麗紅姐生命交集的這半年裡，那些感同身受的體驗，以及那些內化了的強大力量，將會繼續支撐且帶領著我，跟麗紅姐一樣，為這個世界傳播歡笑與愛，美好的緣起，不滅……

鐵鞋人生後一章

《人生逆轉勝》這部戲尚未播出，有些影響就已經發酵，這是發生在演員黃采儀的身上，不想讓少數人獨享，於是徵得她的同意放在書上，讓更多人分享，這也是我常說的：「分享的快樂是加倍的，分擔的憂傷是減半的。」若是莎士比亞會這麼說：「甜中加甜不見其甜，樂中加樂才是大樂。」

那天早上
大家急著上班搭公車
一個盲人朋友也趕著上車
我眼前彷彿看到了
在戲裡和我同一組的阿福……

馬上反應扶住他的手上車
在他耳邊低聲而清楚地
提醒他上公車的階梯數目
輔助他上車後
幫他拿出背包後的悠遊卡
並馬上感應

車上超擠
仍盡力將他的手移到最近的把手
我另一隻手讓他扶著
讓他有安全感

這一連串的動作
加上告訴他的指令
流暢到讓自己好驚訝
這，才深深發覺
原來演這齣戲
跟著阿福（小虎）以及劉銘大哥
濂僑（鈴山哥）一起四個多月
這樣「混障」的組合
所有跟身障者相處的細節
已經深植在自己身心
四個多月的鐵腳人生
讓我可以如此自然地去幫助身障者

可以如此細微地明白他們所需要的幫助
並在緊張的時刻流暢地完成這件事
真想不到我演這齣連續劇
竟然生出這樣的「超」能力啊！

希望這意外的收穫
可以在每一回遇到不同身障者時
都讓他們有滿滿的安全感
而不是在茫茫人海中
不知所措……

當狗仔，你存的是什麼心

大愛電視台有一個節目叫做《戲說人生》，是為大愛戲劇側錄花絮，以及過程中一些不為人知的甘苦，我稱之為導演背後另一台攝影機。

對劇組或演員而言，或許是一種干擾，也有人用國王的人馬、狗仔隊、監督者等等，來形容他們。然而對我這個素人演員來說，倒是樂在其中，因為我認為這台攝影機能夠拍到觀眾看不到的東西，而這些甘苦畫面乃至於花絮，對這部戲絕對會有迸出火花加分的效果。

所以這些日子，我和導演徐彥萍，企畫吳好甄，有了不錯的互動，才會邀請他們，為這本書透過他們鏡頭所看到的，寫點不一樣東西。

文章如下：

如果沒有算錯，《人生逆轉勝》將會是大愛台第兩百一十檔大愛劇場，這表示，我們當了兩百一十次的狗仔。

我們是大愛電視台《戲說人生》的編導與企畫，專門側拍「大愛劇場」的幕後，劇組給我們取了十分好記的名字：「狗仔」。你問我們為什麼我們要當狗仔？為什麼不？因為不得已，因為沒有其他家狗仔會來拍嘛，所以我們的工作就變得格外重要，隨隨便便就弄成了「獨家」（哈哈哈，就是只有大愛台在報），說真格的，常年跟一般三教九流的劇組和大大小小的明星打混戰，還真的看了不少「戲如人生」和「人生如戲」的戲碼，而這檔《人生逆轉勝》尤為明顯。

一個重度殘障的素人是怎樣變成一檔戲的男主角？透過狗仔的本事開始找資料，讀劇本，發現在「大愛劇場」史上，只有兩個男主角是由本尊飾演，那就是二〇〇四年《心靈好手》口足畫家謝坤山，和二〇一六年《人生逆轉勝》的劉銘，看到共同點了嗎？他們都是重度殘障者，放眼望去台灣整個演藝圈還真的找不到任何一個男一號願意斷手斷腳來演這個角色，所以劇組只好說服、再說服本尊來扮演自己，每當夜深人靜的時候，劇組也許會捫心自問：「天啊！我為什麼要寫一個這樣難搞的故事為難自己……」但是透過劇組日也操、夜也操的魔法，還是可以讓一個普通人看上去活像個大明星，然而真正讓劉銘變成明星的不是劇組，而是現實生活。

關於劉銘的現實生活，在他的著作中都可以找到，不贅述，我們見到他的時候已在「明星的路上」，正在跟第一代女主角彩排對戲，對眼前的「全新」男主角，我們是打量、打量、再打量，生澀、和善、誠懇，我們都拍下了，劇組說時間序由現在拍到過去，要幫劉銘打玻尿酸，好讓他愈活愈回去，這個點子我們聽了挺喜歡，有點像台灣版的布萊德彼特（Brad Pitt）《班傑明的奇幻旅程》，但事實證明：沒有人可以愈活愈回去，後來劇組放棄這個做法，打玻尿酸這事就當沒發生，劉銘也就沒有辦法從大演到小，有點可惜。但是喜歡釣魚的導演倒是很願意花時間跟「混障綜藝團」的團員磨戲，來來回回磨了月餘，硬把素人浸進戲的染缸，再見到劉銘是在台北愛國東路的婚紗街上，跟第二代女主角李淑禎選著婚紗。

兩個陌生人第一次上戲就要搞這麼甜蜜，跟職業演員一起表演的素人劉銘顯得格外努力，他眼觀四面耳聽八方想搞清楚現場的狀況，接下來要的走位，聲音表情，肢體表演，來來回回不下百遍，但是我們看到的卻是他「丟本」了。丟本，有什麼了不起，丟本是演員在正式上戲時的基本道德，當了狗仔十多年，目前為止，我也只看過兩個演員在現場丟本，劉銘是其中一個，光憑這一點，就可以知道他自我要求的高。

本檔戲裡，最大的場面應該就是最後一場的大旗舞，為了大旗舞，劇組張羅了快二十天，幾乎混障綜藝團的團員都到齊了，裡面夾伴著職業演員，操練了大半天，演員開始喊手疼，受不了，但是那些坐在輪椅上的人還在拚命，他們真真切切地把這當成最後一場表演在盡力，這一天就拍這一場戲，台下的觀眾都坐累了，你說這群坐在輪椅上的明星不累嗎？咦！他們還真的不累，他們說全世界最累的是「無聊」，站在台上之前，他們已經在家「累」了十年、二十年，所以他們珍惜在台上的每一分每一秒，多熱血啊！

這群人演的跟真的一樣，因為他們演的就是自己嘛，這也是這檔戲最令人玩味的地方，什麼叫「戲如人生，人生如戲」，來現場看你就知道，然而素人表演最大特色就是誠實（所以有許多知名導演都樂意用素人，如：李安、魏德聖、賈樟柯），但更重要的是，你可以看到一個人的個性，這點很重要，因為只有有個性的演員才能把戲演好，否則演的只是匠氣。

人都是被逼出來的，是怎樣堅硬的生活，逼著他們以樂觀正面的態度去迎接每一件事，如同劉銘說的，「只要夠痛，你就會放手。」這些素人明星早被世俗判了無期徒刑，終身，他／她可以坐在床上一整天，可以躲在櫃子裡二十年，但沒想到他們在牢籠裡辦起了才藝大賽，一個個飛出牆外，連我們這等好手好腳的人都飛不到的高度，只能說他們把自己的劇本寫的太好了，好到什麼程度呢？就是拍完戲，馬上有工作人員自願當劉銘的志工。真的應驗了一句話：

花若盛開，蝴蝶自來。

人若精彩，天自安排。

其實，我們對別人的生活都是充滿興趣的，所以這世上才會有狗仔（或者說才會有紀錄片），探一探名人明星的私領域，證明明星也是人，原來他們也會喝酒、卸妝、穿內褲……然而，「明星」到底是什麼？為什麼這麼多人在追求它？

「明星」是：

一、著名的公眾人物，擁有不少粉絲？

二、明星是一種事少、錢多、成就大的工作？

三、明星是人們茶餘飯後閒嗑牙的話題？

四、明星是一種娛樂事業？

五、明星是站在聚光燈下的人生？

六、明星是反映一個時代氛圍的重要指標？

答案是以上皆是。但最重要的是「明星」影響你的生活，提供你另一種生活可能的人，告訴你只要你願意，你也可以跟我一樣過不平凡的人生，然而這些都是螢光幕裡營造出來的明星，還有一種明星是從生活裡磨出來的，他一出現就帶給你歡樂，你一見到他就開心，劉銘屬於後者。

這回當了不同心態的狗仔，看到一群人硬生生把否定變成肯定，這種感覺其實也很美好。

家人的愛

武林三老

「武林三老」已從江湖中走入病榻之上。

早年有一部家喻戶曉的布袋戲叫做《雲州大儒俠》，戲中有三位武功高強、濟弱扶傾的人物，分別是老和尚、賣唱生和天生散人，他們三個人被稱為「武林三老」，而在我的親人當中，也有這樣的「武林三老」。

若以年紀而論，第一老就是杜伯伯（弟弟劉鎧的丈人）。前不久，杜伯伯在午睡醒來後穿褲子，一個不慎造成跌倒，導致骨折，近日在新店慈濟醫院開刀。醫師表示，若不手術，他將再也無法走路，如果手術的話，還有一半站起來走路的機會。

上週日，去醫院探望杜伯伯，他的病房在九樓，老爸的病房在十樓，他還幽默地對我說，他怕我老爸無聊，所以特別來陪他。他說他們真是一對難兄難弟啊！

似乎在我的面前，大家都沒有資格說喪氣話，反而能樂觀以對。

第二老就是我們家罹患失智症的老爸。他在醫院已經住了兩個多月，從剛開始我們並不看好，甚至已經討論「後事」問題了。神奇的是，他竟然能從加護病房轉入呼吸治療病房，再轉入普通病房。醫師表示，再好一點，老爸就可以出院回家了。

老爸的生命有夠強韌，或許他知道我們都捨不得他走。

說起老爸的失智症，這段病榻的日子，反而讓他因禍得福，因此，讓他忘記了治療時的痛苦，以及生命逐漸消失的恐懼。

第三老是我的岳父，儘管他是三人之中年紀最輕的，然而卻是病情最嚴重的，目前住在位於民權東路的泰安醫院。不知道他是否還存有意識，因為他對於家人的呼喚都沒有反應。

聽老婆說，岳父開過一段時日的救火車，也就是所謂的「打火兄弟」。想像著他，駕駛著救火車風馳電掣，十萬火急，頗難和現今病床上不省人事、動彈不得的岳父，聯想在一起。

「武林三老」曾經各自撐起了三個家庭，是我們這些子女的守護神，任何的挫折困難都打不倒他們，但終究抵不過「老」的摧殘。

有一天，他們終將會走入歷史，然而他們對於家庭的付出、他們的豐功偉業，我們是不會忘記的，而且會永遠地懷念他們。

玩牌

過年的時候，念小三的女兒亮亮，學會了撲克牌中的兩種玩法，一個是「大老二」，一個是「十三支」。這讓她覺得頗有成就感。

大年初五晚上臨睡前，她請求我和老婆陪她玩牌。玩著玩著，我的思維不覺間走入了時光隧道。那是四十多年前的事情，地點是在霧社。那一晚，不知為什麼，其他的家人都不在，只有老爸和我。

那個年代有電視，但家裡應該沒有足夠的錢買電視；那個年代，應該也有輪椅，只是從來沒有想過要買。所以我大部分的時間都待在家裡，極少出門。

老爸可能是怕我無聊吧，所以陪我玩撲克牌，我還記得當時是在玩「梭哈」。有一把牌，我是三條K，竟然被老爸的兩對給「偷雞」了。

這是很久遠很久遠的事情了，不知道為什麼我會那麼清晰地，宛如昨日之事般地烙印在腦海中，甚至連一些細節都還記憶猶新。

四十多年後的今天，我已由當時十歲左右的小孩變成爸爸了。現在我多麼希望，輪到由我來陪老爸玩牌，然而他之前所擁有玩牌的技術和能力，至今已經全部「忘記」了（老爸罹患了老人失智症）。換成我只能陪女兒玩牌了。

這就是為什麼，劉家每逢過年的傳統習俗，總少不了「玩牌」，不論是撲克牌、麻將牌還是天九牌等。或許如此的「玩牌」，會一代又一代的傳承下去；或許多年後的某一天，女兒也會想起，她的老爸在這樣的一個晚上，陪她玩牌的情景。

被老婆嗆聲

我是一位坐輪椅者，在警廣主持節目十八年，出了幾本書，經常去學校、監獄、醫院等地演講。或許因為像我如此的重度障礙者，能夠走出來的是極少數，所以被冠上了「生命鬥士」的頭銜。

某日，我和老婆在閒聊，突然間，她不知哪根筋不對，居然跟我嗆聲：「你們生命鬥士說的話就是道理，像我們這樣的平凡人說的話，就什麼也不是啦！」

這就是老婆，情緒來的時候，口無遮攔。我心想，罵我就罵我嘛，幹嘛連「生命鬥士」也一起摻下去罵；本來我想回嘴：「妳好大的膽啊！連生命鬥士也敢罵。」因為生命鬥士不只我一個人。

自從老婆進入更年期後，她的情緒起伏不定，加上最近岳父的病情極不樂觀，她的心情指數可說跌落谷底。或許她欲找個發洩的出口，於是我就理所當然地成了她的箭靶子。

老婆的心情欠佳，我是可以體諒的，也不會有所計較。其實這些年來，老婆的愛生氣、愛罵人，我早已習以為常了，並逐漸地練就成罵不還口、百毒不侵的境界。

令我不解的是，天底下大部分的老婆，為何總脫離不了「碎碎唸」。不知是天性還是習性？禁得起被唸的老公，就可以走過白頭偕老的婚姻；禁不起被唸的老公，可能就只得以離婚收場了。

該說我是因禍得福吧，由於我的生活起居皆有賴老婆，所以對於老婆我有十字箴言，「有她，受不了、沒她，動不了。」為此，我必須經常高呼：天大，地大，老婆最大。

屬於我和老爸的一場電影

老爸火化禮拜的前一天晚上，老媽請了住家附近教會的林長老，帶領我們家族做了一個家庭禮拜，大夥兒一起分享和老爸之間的一些小事情或小故事，藉此緬懷這位可敬可愛的父親。包括遠在德國的弟媳小芬都帶著想想、揚揚都回來了。

由於老媽是基督徒，所以老爸的後事皆以基督教的儀式辦理，這是她的堅持和決定。這樣擬好的，少了佛教或道教的繁文縟節，且符合老爸行事低調，不喜歡麻煩人的個性。

妹妹說起了老爸帶她去綠灣西餐廳吃牛排的事情，這是她第一次吃牛排。這塊牛排裡，除了包含第一次吃牛排的期待和美味，也蘊藏了一向自奉節儉的爸爸對子女的愛。妹妹的分享，喚起了我塵封已久的往事。

應該是在九歲前，尚未去廣慈博愛院的事情。有一段時日，每晚臨睡前，老爸會為我殘障的雙腳，進行「扳腳」，何謂「扳腳」，套句現今的用語就是「復健」，藉以好讓我的殘肢不致扭曲變形。

我不知老爸如此扳腳的技術，是如何學來的，但若以我現在的觀點來看，儼然是「土法煉鋼」，因為在進行的過程中，疼痛之感往往讓我又哭又叫，苦不堪言。結束後，已是滿身大汗。

有一天晚上，當扳腳結束後，趁著弟妹熟睡時，老爸居然說要帶我去戲院看電影，他說扳腳很痛，我卻很勇敢，所以要帶我看電影；在記憶中，這應該是我第一次看電影，屬於我和老爸的美好時光，即使我已經完全不記得電影的名字和內容了。

此後，扳腳似乎變得不是那麼地疼痛難耐，我心想，或許扳腳之後，就有電影可以看了。這應該是我生命當中，老爸帶我看過的唯一一場電影了。

如今，老爸駕鶴西歸、乘風而去，然而在我的心中，我和老爸互動間點點滴滴的溫馨電影，才正要上演。

化為千風

家住板橋三十多年，從板橋到台北或從台北回板橋，幾乎都是行經華江橋。我走過華江橋的次數有千百次，然而此次從台北行經華江橋回板橋，卻是要見老爸的「最後一面」。

復康巴士走在華江橋時，凝視著橋下潺潺的流水，思緒帶我走入了時光隧道。

九歲那年，爸爸揹著我送我去台北市立廣慈博愛院，即使我是殘障者，卻從未見過那麼多的殘障朋友，有的匍匐於地，有的撐著枴杖走路，還有的一跛一跛地走著。我看見這些人十分地緊張不安，於是問爸爸，我是否可以不要住在這裡。

猶記和爸爸告別時，注視著他的背影消失離去，我難過得放聲大哭。我在想，爸爸這一消失離去，我是否再也看不見他了。所幸他並未遺棄我。

住廣慈住了十三年，此後每年的寒暑假結束，當爸爸從家裡送我回廣慈時，每一次看著他的背影消失離去，我還是會哭，害怕他從我的世界中不見。

二〇一二年四月二十二日清晨，在睡夢中接獲大弟劉鈞的來電，傳來老爸已於清晨六時不幸過世的惡耗。享年八十四歲。於是我們一家三口立即前往板橋家，當跨進家門步入房間，看見老爸安祥自在地躺在床上，就像睡著了一樣。

老爸真會選擇日子，選在一個星期日大夥兒都在國內、不需上班的日子，或許這就是老爸的個性，他向來低調，不喜歡麻煩人家，沒想到連他的往生依然故我。

上午時分，大家在一起喝喝茶，聊聊老爸過往的情事，看看一些舊照片。中午的午餐吃水餃，如此的情景，宛如除夕夜才會出現的時光。

下午二時，禮儀公司的人來搬運老爸的大體送往殯儀館，當大體移出家門的剎那，我的淚水潰堤，臉部肌肉無法控制地抽搐著，這是我從未有過的情形。因為我知道，這一次老爸的消失離去將是永遠地消失離去。

我的岳父比我老爸提早三個星期辭世，我很想問老婆：「以後妳再也沒有爸爸，妳心裡的感受是什麼？」為了不讓老婆感傷哀痛，這句話我始終未出口。

如今，我自己就可以問自己這樣的問題，「從今以後，我再也沒有爸爸了。」突然間我發覺，老爸雖然從此走出了我的視線，卻走進了我的內心世界。

老爸晚年罹患了老年失智症，初期的症狀就是他常掛在口頭說的：「我的忘性比記性好。」一到了後期較為嚴重時，他已經完全忘記了我們和在他身上發生的所有事情。或許如此地「忘記」，何嘗不是一種幸運，至少他忘記了住在加護病房治療時的疼痛，或許他也忘記了他從未離開我們。

華江橋下的河水依然潺潺地流著，似乎訴說著老爸已卸下了人世間的勞苦重擔，了無牽掛地乘風而去。

老媽的韭菜盒子

回板橋爸媽家，目睹了老媽正在做韭菜盒子。已經好久未見老媽動手，從和麵、揉麵、桿麵到做韭菜盒子。或許因為弟媳小芬一家三口明天就要返回德國了，在臨行前，做了韭菜盒子，讓大夥兒解解饞，嘗嘗「媽媽的味道」。

很慶幸我們一家三口，回來的正是時候，可以一飽口福。以前，不單是有媽媽的味道，還有爸爸的味道。他們倆會一起分工，然後又合作，做出許多北方的麵食，像餃子、韭菜盒子、捲餅等，這些食物都會讓我們食指大動，吃得好飽好飽。

據說這些麵食，爸媽都是從我的爺爺、奶奶那裡學來的。每當一些重要的日子，或是有一些重要的賓客來訪，爸媽才會親自下廚做這些麵食，以饗大家。

每每吃過我們劉家麵食的親朋好友，都會讚不絕口，賓主盡歡。這絕對要比外出去飯店或餐廳，更叫人滿意，且留下深刻的印象。

再說到我們劉家的牛肉麵，不是我老劉誇口，到目前為止，我在外面吃過的牛肉麵，都不及我們劉家的牛肉麵。包括我吃過晶華酒店一碗三百多元的牛肉麵，不論牛肉、口味還是湯頭，都排在劉家之後。

只是，當父母年歲漸長後，他們倆就較少做這些北方麵食了。自從老爸罹患老人失智症後，劉家的飯桌上就更少吃到這些令人垂涎三尺、回味無窮的食物了。

如今，少了老爸的分工合作，不知老媽是否會覺得若有所失，而少了一味。至於我，我可以做的，就是珍惜地品嘗每一次這屬於老媽特有味道的韭菜盒子。

勻勻，二十歲了

雙十年華，勻勻二十歲的生日。

現在的年輕人都很流行注重「成年禮」，也就是滿二十歲的這一天，一種慶祝的儀式。勻勻是我的乾女兒，目前就讀台科大，暑假過後將升大三了。

勻勻是老婆的姊姊的女兒，她小時候跟我們很親，當時我們夫妻結婚多年膝下無子女，於是就認她當「乾女兒」。她非常地節儉、樸實，與現今時下許多年輕的女孩，追求時尚、名牌、奢華等，形成強烈的對比。

若說她有什麼喜好，那就是「愛狗成癡」。她參加了台大懷生社的社團，去關心照顧一群流浪狗，其中有一隻叫做「少爺」的古代牧羊犬，是她的最愛。即使現在狗狗已經找到了新家，她還是會從台北到新竹去看「少爺」。往往說到這些狗狗，還是會讓她落淚。

我問她的成年禮將要如何歡度？我有想過舉辦家族一日遊，可是她說不用了。於是就如同許多人過生日一樣，到外面飯店或餐廳吃一頓飯慶生，這個建議她倒是接受了。

我想了一些高檔餐廳，譬如去王品吃牛排，去原燒吃燒烤，去夏慕尼吃鐵板燒等，這些她都不感興趣。她選擇去唐宮吃「吃到飽」的蒙古烤肉，而且是去吃午餐，這樣比較省。壽星最大，一切都尊重她的決定。

吃到飽還真的「吃到飽」，甚至飽到連晚餐都省下了，女兒亮亮也是如此。我打趣地跟她們說，以後就常請她們去吃「吃到飽」，一餐抵兩餐，這樣可是省不少錢，而且賓主盡歡。

我二十歲的生日是如何度過的？我極力地思索，像電腦一樣地在人腦記憶庫裡搜尋，然而就是空白一片，跑不出任何的資料。唯一可以知道的是，我二十歲時，還住在廣慈博愛院，所以不會有人幫我過生日，就更不可能有成年禮了。

許多人認了乾女兒，最後都演變成形式的相稱，而無實質的互動。我的乾女兒經常來我們家，和我們互動頻繁，我們一起去吃飯，一起去國外旅遊……她可以幫我打字，她會陪亮亮玩。我很幸運地，能夠擁有這樣一個乖巧懂事的乾女兒。

外出時有人問到乾女兒是誰時，因為大部分的人，只知道我只有亮亮這一個女兒。有時候，我懶得解釋，就說她是我的女兒；或是在寫文章時，我會寫到「一家四口」。儘管說她是乾女兒，然而在我的心裡，就像對待親生女兒一樣地看待。所以亮亮有的，她一樣沒有缺少。

二十歲，是人生的一個分水嶺，自此，她有了選舉權，她可以投下自己神聖寶貴的一票；她可以申請自己的電話，擁有自己的號碼。但從此，她必須對自己的所作所為承擔責任，自負人生的一切好與壞。

但我深信，以她的懂事、節儉、樸實等個性特質，她未來的人生道路，會是美好和豐盈的。在匀匀生日的今天（八月十二日），我寫下了如此的祝福。

京阪之旅

好久未泡溫泉了。

家族旅遊前往日本京都大阪，這應該是人數最多的一次。加上從東京過來和我們會合的老婆的表妹陳思穎，共有二十一人。二弟劉鎧一家四口搭長榮飛機，其他的人則搭華航班機，大弟劉鈞請年齡超過五十歲的人坐商務艙，我和老婆都有份。

抵達關西機場約中午十二點半，我們去機場國內線吃雙層迴轉壽司，這是緣於前一年的家族旅遊，我們第一餐在大阪吃雙層壽司，超好吃的，令人印象深刻。因此這一年我們決定再回味一次，不過這家店雖然也是大阪那家店的分店，然而卻沒有那家店的東西好吃。

下午參觀了金閣寺，多年前曾到此一遊，那時候覺得金閣寺頗大，不知為什麼，這一次覺得它變小了。或許是我的眼界變大了。我覺得金閣寺裡種植的古松挺漂亮的。

晚上，住在京都鄉間的溫泉旅館，叫作龜峰庵，溫泉旅館不外乎就是以溫泉為號召。泡溫泉對一般人而言，乃稀鬆平常之事，然而對身障者，尤其是像我這樣的重度障礙者，卻是十分難得的大事。

若是泡溫泉的場所有無障礙的設施，或是我的殘障不是那麼重度，我想泡溫泉也會成為稀鬆平常之事。所幸，在大弟劉鈞的協助下，讓我享受了好久好久沒有泡到的溫泉。後來又加入妹婿王志宏的協助，儘管地面濕滑，兩人合力搬抬的過程中有些驚險，但換來的卻是血液循環、通體舒暢，晚上十分地好睡。老婆就沒我幸運，在泡溫泉時就滑了一跤，屁股摔成瘀青。

琵琶湖一年一度的花火大會，我們日本之行有幸恭逢其盛。日本真是個守秩序的國家，連看煙火都要排放整齊的椅子，大家排排坐，這使我想起法國的一句諺語：「守秩序，只有守秩序才能產生自由。」

在即將施放煙火之時，突然下起了大雨，頓時，撐傘的撐傘，穿雨衣的穿雨衣，絲毫未見大家驚惶失措，或發出譁然的聲音。老婆在出國前為我準備的雨衣，終於派上了用場。

在大雨中看煙火，別有一番滋味在心頭，這也是人生當中的頭一遭。眼眸中綻放著繽紛燦爛，身體卻在雨水從衣領隙縫滲入下，極度地不舒服，這是一場心靈與肉體的征戰。該說是悲慘世界還是心靈饗宴？

日本人除了守秩序外，還十分地理性（我想這是他們的民族性吧！），當五光十色的煙火在夜空迸放時，成千上萬的觀眾竟然異常地安靜，好像現場沒什麼人似的。大概全場就屬我最「吵鬧」，不時地大聲發出「喔耶」！

一個小時的煙火，有人如坐針氈，我卻樂在其中，我的字典裡告訴我，「既來之，則安之」。多年後，再來回顧這次的日本旅遊，或許令大夥印象最難忘的，可能就是在雨中看煙火了。

今日的重頭戲居然是浴衣秀。

早餐後的第一個行程，遊覽車就開到經營浴衣的店家，然後大人和小孩們一起去梳頭、化妝、穿著浴衣，其他的人，足足地在車上等了一個多小時。然後，她們再一個個宛如天仙般地上車，我的女兒也是其中之一。

不知從什麼時候開始，穿著浴衣走在大街小巷，穿梭名勝古蹟，拍攝美美的照片，已蔚成一種風潮，成為旅遊中的行程之一。只能說愛美是人類的天性，不論老的小的、胖的瘦的、美的醜的，大家都趨之若鶩。

在日本的第四天。

大阪下了大半天的雨。其實，昨夜雨勢就不小，滴滴答答的落雨聲，居然讓老婆失眠了。直到中午過後，吃完午餐，雨勢才得以停歇。

今日是自由活動，劉鈞、劉鎧帶著一群小朋友去逛cosplay商店，老媽和小阿姨導遊帶著她們去逛街。其他的人，我就不知道他們的去向了。

興之所趨，老婆帶著我去搭大阪環狀線，體會日本四通八達的交通，和無障礙的設施。日本像蜘蛛網的交通路線，宛如迷宮。我們選定了一個目的地，聽導遊說天王寺的阿倍野有大阪最高的地標，所以我們的目的地就是天王寺。

我們從大阪駅出發，一路上，邊看漢字邊猜邊問，就這樣到了天王寺。天王駅附近有兩家百貨公司，我在想這樣會不會捨近求遠？大阪駅附近有四家百貨公司不逛，卻跑來逛更遠的百貨公司。

所幸，我們並未迷路，這都要歸功於有個頗有方向感的老婆，有她在，迷路的機會將大大地降低，不論在國內或國外皆是如此。於是，我們帶了點冒險的精神，回到了住宿的飯店。

從新聞報導得知，由於颱風侵襲日本，我們昨天去的嵐山，桂川河水暴漲，超越警戒線，當地政府要求附近居民撤離。想不到一天之差，竟有如此之大。我只能說，這一趟旅行，老天一路上用幸運符貼在我們的身上。

我敗給了女兒

殘障打不倒我，我竟敗給了女兒。

有時候，覺得自己不是那麼地勇敢，尤其面對自己的女兒生病。那一晚女兒亮亮發燒、咳嗽合併氣喘，醫師囑咐說，如果喘得厲害的話，需立刻送往醫院急診。聽著她氣喘吁吁地呼吸，我心裡十分地心疼與不捨，腦海突然閃入了一個念頭，若是亮亮有什麼萬一，那我也不想活了。

隔天晚上臨睡前，亮亮突然對我說：「爸拔，你對我好好喔！」我不明就裡地問為什麼。然後她拿起放在餐桌上我寫的日記說：「因為你的日記有寫到我。」

我好奇地問她：「妳看得懂我的日記寫什麼嗎？」於是，她唸了其中的兩句給我聽：「若是亮亮有什麼萬一，那麼我也不想活了。」她才讀幼稚園，但看得懂的字卻愈來愈多了。

我感動地將她擁抱入懷，瞥見她的眼眶中溢出一些淚水，而我的淚水比她的更多。這個孩子除了懂事，還會說一些取悅我們的「甜言蜜語」。像她會對老婆煮的菜讚不絕口，說是世界上最好吃的東西。

隨後，她提出了她的疑惑，她問我既然不想活了，那要用什麼方法去死呢？這就是孩子的純真，童言童語，讓我啼笑皆非。

瞧她很認真地問，一時間我也不知該如何回答，隨意想了一個說法，那就是生病死去吧！事後，我覺得我應該這樣回答她：如果妳能健康快樂地活著，爸拔就不會不想活了，因為我還要保護妳呢！

情緒化的老婆

那天傍晚，念小三的女兒亮亮在寫功課時，我關心地湊過身去，問她有沒有問題？她告訴我，功課寫完後，她要整理行李。我不解地問，為什麼要整理行李？她表示，因為有人要送她去「瘋人院」。

詳問之下，才知道所謂的「有人」指的就是老婆。這一對母女，在我剛剛講電話時，經歷了一番爭執，由於女兒不好好寫功課，在老婆屢勸不聽下，才道出了氣話，說要送她到瘋人院。

想不到女兒如此幽默地道出了這一段插曲，讓我覺得十分好笑。最後，我們不但未送她去瘋人院，而在寒流過境之際，帶她去她最想吃的熱騰騰的火鍋店。

老婆就是這樣，情緒來的時候，常常口無遮攔，別說是送女兒去瘋人院，有時候，她也常罵我「你神經呀」、「你有毛病呀」，還好我已經習以為常、充耳不聞了。

但老婆情緒好的時候，也會有一些溫馨舉動。像今天女兒去上學時，她偷偷地在女兒的鉛筆盒放了一張紙條，上面寫著：「亮亮，不管妳考得如何？爸爸媽媽都永遠愛妳。」

當女兒發現紙條時，讓她欣喜不已。於是在她學校的小小日記裡，這樣地寫著：「媽媽的愛，是我最大的鼓勵，像溫暖的太陽一樣。媽媽，我愛妳！」

我們跟動物住在一起

從我們住宿房間的窗戶望出去，映入眼簾的是斑馬、犀牛、長頸鹿、紅鶴等動物，牠們相安無事、互不干擾地悠閒走動著。你不要以為我是在非洲，或是進入電影《野蠻遊戲》的情景，我現在是在「六福莊」，這是六福村的關係企業。

這是臨時起意的。上週六，我們一家三口在伯朗咖啡喝下午茶，老婆說她在臉書上看到有人親子共遊去度假，房間外的景致不是湖光山色，也不是綠草如茵，而是不同的動物會出現在眼前。

這是從未有過的經驗，亮亮對此更是期待萬分。當晚回家，立刻衝動地以網路付費，選在有優惠專案（四人同行兩人免費）的青年節，訂下了度假的房間。

前一年的這個時候，我們一家人去北海道旅遊，這年本想再安排日本之行，因為老婆的最愛是日本，旅遊的首選也是日本。無奈日本發生了大地震，在計畫趕不上變化之下，只得作罷，而改在國內旅遊。

有人問，青年節當天非假日，只紀念不放假，亮亮要上課怎麼辦？我回答「請假囉」，可是這樣是否會讓孩子養成習慣？我認為增廣見聞的途徑有三：讀萬卷書、行萬里路、交萬種友；不是只有課堂上才能獲取新知，譬如犀牛的視力很差，是個「大近視」，如果不是透過這次旅遊，我們怎麼會知道這樣的常識。

亮亮還小，才念小二，現在不玩，更待何時。等到她念國中，課業壓力大了，她可能就沒有心情去玩了。其實，我還是秉持如此的理念，只要女兒願意出去玩，我還是同意讓她請假，因為人生還有許多比讀書考試更重要的事情。

這一天十分地幸運，太陽公公出來為我們引路，一掃連日來溼冷又下雨的天氣。走筆至此，我突然想到，這天是我和老婆訂婚十六週年的日子，或許如此，老天賜下了陽光當作禮物。

說來你可能不相信，我們住在二樓的房間，剛才有一隻犀牛從我們底下走過，接著又有兩隻犀牛，用牠們的犄角在頂來頂去，不知道是在玩耍，還是在打架。然後，有一隻長頸鹿朝我們的方向走來。

如此的度假，對小孩子是充滿興奮和新奇，對大人們或許只有一時地興起，或許有些人還會覺得無聊，但若我們也能懷抱著一顆赤子之心，相信這樣的旅程，也能讓大人們樂在其中。

寫給二年六班

今天是最後一次說故事，給這些孩子聽了。

女兒亮亮念小一時，我主動爭取在女兒的班上，說故事給小朋友們聽，這一段被學校稱之為「晨光時間」，每週二、五，清晨八時至八時四十分，老師們都去開校務會議，就由家長們輪流來陪小朋友。

這些家長們，都被冠以「愛心媽媽」和「愛心爸爸」，大部分都是「愛心媽媽」，我是極少數的「愛心爸爸」，而且還是獨一無二的「輪椅愛心爸爸」。

我之所以會當「愛心爸爸」去說故事，絕不是因為我有無比的愛心，發揮「幼吾幼以及人之幼」的精神，如果這麼說就過於矯情了。我這麼做完全是為了女兒，讓女兒的同學們提早認識她有個「輪椅爸爸」，而不是在之後的學校日或其他活動才知道。

我做許多事情，都秉持著「預防勝於治療」，我要讓這些小朋友熟悉乃至於習慣我的「殘障」，就像面對一般人那麼地自然自在，而非在背後或面前好奇地指指點點，以致讓女兒覺得丟臉、難堪不已。

我記得在第一次說故事時，我未先講故事，而是以輕鬆幽默的方式，讓小朋友認識我的「殘障」。我用選擇題的問答來做開場白。

請問亮亮爸爸坐的這個東西是什麼？1.電椅、2.輪椅、3.汽車、4.機車。我還記得小朋友都爭相舉手來搶答。大家不用想都知曉答案是什麼，那就是「輪椅」。

請問亮亮爸爸是因為從小得到什麼疾病，才必須坐輪椅？1.肌肉萎縮症、2.小兒麻痺症、3.皮膚病、4.神經病。每每說到「神經病」時，小朋友們一定會哈哈大笑，而且屢試不爽。

因著如此的哈哈大笑，因著每兩個星期一次的相聚，「殘障」在我們之間的隔閡與不安，完全被冰釋了，消失得無影無蹤。如今，小朋友們對我輪椅的興趣遠勝於說故事。每每當我離去時，有一群小朋友會像粉絲圍繞巨星般地在我身旁，並送我到校門。

暑假過後，這些二年六班的小朋友，將升為中年級的小三了，他們將會重新分班，有的將會轉學，所以我是最後一次說故事給這些孩子們聽了。從最初他們十分安靜地聽我說故事，到現在他們搶著跟我說話變得有些吵鬧，我知道這些吵鬧代表著我和這些孩子愈來愈熟悉了。還有的孩子加入我的臉書，和我成為朋友。

最後祝福二年六班這二十四位同學，能夠有個快樂的「小三」生活，我會永遠記得他們的。

養老院與安親班

養老院和安親班怎麼會扯上關係呢？一個是老人住的地方，一個是小孩去的地方。然而在我們家，這兩者之間卻連結上了關係。

那天晚上我們一家三口在吃飯閒聊，我對念小四的女兒說，等到媽咪老了以後，希望她就不會對我們嘮叨個不停了。女兒回答，搞不好她還是會繼續嘮叨下去。

此時，媽咪說話了。她表示，等到她老的時候，如果還叨叨絮絮的話，乾脆就把她送到養老院好了，好讓我們耳根圖個清靜。

豈料女兒說：「因為媽咪沒有把我送到安親班，所以我也不會把她送到養老院。」多麼經典有創意的一句話啊！聽得我哈哈大笑。

我反問女兒，如果以後妳不乖，媽咪又用送妳去安親班要脅時，妳會不會回嗆她，如果妳送我去安親班，那麼等妳老的時候，我會送妳去養老院。古靈精怪的女兒，笑而不答。

我告訴女兒，謝謝她不時地會有一些「經典之語」，好讓我們的親子時間增添歡樂。我會將此溫馨點滴，忠實地記錄下來，無論投稿或出書，好讓屬於我們一家人的美好留光，在生活或生命中不曾留白。

愛的約定

暑假期間，我和念小五的女兒，訂下了一個愛的約定，為了鄭重其事，我還白紙黑字打成了契約書，並且雙方都要簽名畫押。一來讓孩子覺得這件事情是重要的；再來也讓這件事情多了一些趣味性。

合約書的內容包括：一、每日跳繩兩百下。二、每日要吃一種水果，兩種蔬菜。三、每日必須在午夜十二點前就寢。若能在暑假前確實做到，在女兒生日時，將送她一份她想要的生日禮物。

其實，我是不想讓女兒平白無故或理所當然，就得到她想要的禮物，我這麼做是要她了解，任何東西的獲得都必須透過一些努力或配合才能到手。或許如此，她才會懂得珍惜。

每年的暑假，除了國外旅遊外，我們都會為女兒做一些安排，希望她有個歡樂無限，又不會玩到瘋、近乎怠惰的長假。記得去年的暑假，規定她每兩個星期須寫一篇和暑假做的事情有關的文章。

如此這般，不是為了要規範或剝奪她的暑期生活，而是希望她在盡情玩樂之中，也能有一些生活上的學習，健康的維護，這就是生活教育。

許多家長都知道要愛孩子，卻鮮少人願意用正確的方法去愛自己的孩子。

女兒的文章

上一本書《從殘童到富爸》，女兒亮亮畫插畫，這本書原本想請她也做些什麼，但升上國中後，她的課業壓力變大了。以前國小時，她隨便念一念，成績都能名列前茅，國中後，情形就完全不一樣了。不過，上國中後，唯一讓她沒有壓力的科目就是作文。這一篇文章是她段考時寫的，拿到了最高的「六級分」。女兒表示，這篇文章就是她可以貢獻我這本書的東西。

現在她只要寫內容和勵志有關的文章，根本不需要去找題材，她的「老爸」就是他最好的素材，而且可以鉅細靡遺地寫出來，還包括有「劉格言」。嘻！

有人說這是遺傳，有人說我後繼有人了，但我從來不相信遺傳，我只希望她做她有興趣的事情，這樣她才會快樂。從以前到現在，我的想法始終沒變，我只希望她永遠當個「快樂家」。

那一刻，真難忘

人生有許多重要的時刻，有些令你深刻難忘，有些令你痛澈心扉，現在想起，也許會再開懷大笑一次，也許會再淚光閃爍一次，但是那都組成了我們的回憶。

還記得那年的我，只有幼稚園的年紀，跟著媽媽一起來陪著爸爸演講。我的爸爸是位身障人士，但是他常常會到全台各地的學校、公司演講，用自己的生命故事帶給大眾正面能量。那時我還小，其實聽不太懂爸爸所說的，就只是有時跟著鼓鼓掌而已，當爸爸說到自己從小就必須離鄉背井，到教養院讀書，我腦中竟開始想像那樣子的畫面，爺爺將爸爸放到椅子上，爸爸不捨地看著爺爺，當大手與小手分離的剎那，爸爸只能放聲大哭，聽到這裡，年幼的我竟然也哭了，而且還是大吵大鬧的哭法，好像也嚇著了在講台上的爸爸。

現在想起這段往事，我的記憶也有點模糊，只覺得剎那間在我的腦海中，故事主角換成了我和爸爸，我好想可以體會爸爸當年的絕望還有害怕，大手和小手分開的一刻，放聲大哭的樣子，時光流轉，竟換到了我身上。

雖然現在不如以前會激動得大哭，但我心底還是相當尊敬我的爸爸，他的脾氣好，個性樂觀又幽默，也常常充當我的「心靈導師」。爸爸曾寫過一篇文章，關於我小時候發高燒，他餵我吃飯的情景，他說他在餵我吃飯的時候，也感受到了爺爺當年的心情，那是一份父母對兒女毫無保留的愛。

一生中有很多讓我難忘的事，我認為那些回憶就是活在世上的價值，你活在某些人心中，也有許多人活在你心中，把最美好難忘的剎那保留下來，也許十年、二十年後突然想起時，你還能喚回當時那個青春活力的自己。

國家圖書館出版品預行編目資料

「坐」看雲起 / 劉銘著. -- 初版. -- 臺北市：經典雜誌, 慈濟傳播人文志業基金會,
2016.05
272面；15×21公分
ISBN 978-986-6292-79-8（平裝）

1.劉銘 2.回憶錄

783.3886 105007720

「坐」看雲起

作　　者／劉　銘
發 行 人／王端正
總 編 輯／王志宏
叢書主編／蔡文村
叢書編輯／何祺婷
美術指導／邱宇陞
美術編輯／黃聖文視覺設計工作室
內頁排版／極翔企業有限公司
校　　對／黃政榕、何瑞昭（志工）
出 版 者／經典雜誌
財團法人慈濟傳播人文志業基金會
地　　址／台北市北投區立德路二號
電　　話／（02）2898-9991
劃撥帳號／19924552
戶　　名／經典雜誌
製版印刷／禹利電子分色有限公司
經 銷 商／聯合發行股份有限公司
地　　址／新北市新店區寶橋路235巷6弄6號2樓
電　　話／（02）2917-8022
出版日期／2016年5月初版
定　　價／新台幣 320 元

版權所有 翻印必究
ISBN 978-986-6292-79-8（平裝）
Printed in Taiwan